ENCUENTROS CON OVNIS

Atrevete a Descubrir los Casos más Confidenciales de la Ufología

FRANCE DEL CASTILLO

© **Copyright 2021 – France del Castillo - Todos los derechos reservados.**

Este documento está orientado a proporcionar información exacta y confiable con respecto al tema tratado. La publicación se vende con la idea de que el editor no tiene la obligación de prestar servicios oficialmente autorizados o de otro modo calificados. Si es necesario un consejo legal o profesional, se debe consultar con un individuo practicado en la profesión.

- Tomado de una Declaración de Principios que fue aceptada y aprobada por unanimidad por un Comité del Colegio de Abogados de Estados Unidos y un Comité de Editores y Asociaciones.

De ninguna manera es legal reproducir, duplicar o transmitir cualquier parte de este documento en forma electrónica o impresa.

La grabación de esta publicación está estrictamente prohibida y no se permite el almacenamiento de este documento a menos que cuente con el permiso por escrito del editor. Todos los derechos reservados.

La información provista en este documento es considerada veraz y coherente, en el sentido de que cualquier responsabilidad, en términos de falta de atención o de otro tipo, por el uso o abuso de cualquier política, proceso o dirección contenida en el mismo, es responsabilidad absoluta y exclusiva del lector receptor. Bajo ninguna circunstancia se responsabilizará legalmente al editor por cualquier reparación, daño o pérdida monetaria como consecuencia de la información contenida en este documento, ya sea directa o indirectamente.

Los autores respectivos poseen todos los derechos de autor que no pertenecen al editor.

La información contenida en este documento se ofrece únicamente con fines informativos, y es universal como tal. La presentación de la información se realiza sin contrato y sin ningún tipo de garantía endosada.

El uso de marcas comerciales en este documento carece de consentimiento, y la publicación de la marca comercial no tiene ni el permiso ni el respaldo del propietario de la misma.

Todas las marcas comerciales dentro de este libro se usan solo para fines de aclaración y pertenecen a sus propietarios, quienes no están relacionados con este documento.

Índice

Introducción   vii

1. Estudios sobre los OVNIs   1
2. Luces extrañas en el cielo   15
3. La era de los platillos voladores   49
4. OVNIs de la Guerra Fría   85
5. Encuentros cercanos   117
   Conclusión   153
   Bibliografía   157

Introducción

Gracias por haberte atrevido a leer este libro. Quizás estés pensando que de OVNIs ya has consumido demasiado en libros, películas, series, historietas, etc. Sin embargo, los OVNIS van más allá de esos productos de consumo.

Quizás los avistamientos de objetos voladores no identificados han acontecido desde el comienzo de las civilizaciones. Al hablar de OVNIs se puede hablar de muchas cosas. No solo existe la acepción cercana a lo extraterrestre; también se puede referir a lo desconocido en nuestro propio planeta. Los OVNIs, en ese sentido, quizás sean parte de lo desconocido y de la emoción y asombro del ser humano hacia lo que todavía no entiende.

Introducción

Pero comencemos con lo más básico, una definición cercana.

Un objeto volador no identificado (OVNI) es cualquier fenómeno aéreo percibido que no puede identificarse o explicarse inmediatamente. La mayoría de los ovnis se identifican o investigan como objetos o fenómenos convencionales. La frase fue acuñada como un acrónimo por el jefe del proyecto Libro Azul, Edward J. Ruppelt, pero hoy en día OVNI es ampliamente utilizado como un stand-in para las naves espaciales extraterrestres-aviones reclamados para ser observados por varias personas. Muchos ovnis se describen como platillos volantes.

Diversos gobiernos de todo el mundo, así como individuos y organizaciones privadas, han llevado a cabo estudios e investigaciones sobre los informes de OVNIs. En Estados Unidos, los estudios comenzaron a finales de la década de 1940 y han incluido el Proyecto Grudge, el Proyecto Sign y el Proyecto Blue Book. Este último finalizó en 1969-1970 después de que el Comité Condon concluyera oficialmente que el tema no merecía más estudios.

Introducción

Durante gran parte de la historia de la humanidad se ha informado de luces y objetos voladores no identificados en los cielos.

Los escépticos, incluidos varios científicos, y organizaciones como el Committee for Skeptical Inquiry, afirman que todo el tema puede explicarse como objetos o fenómenos convencionales, mientras que los autodenominados "ufólogos" no están de acuerdo y, en cambio, defienden varias hipótesis extravagantes. El tema de los ovnis ha sido, y es actualmente, popular en la cultura mundial en películas de ficción, televisión y otros medios de comunicación. Los informes sobre ovnis también son objeto de una fascinación continua en los medios de comunicación sensacionalistas.

Historia temprana antes del siglo XX: Las observaciones de fenómenos aéreos se han descrito a lo largo de la historia y siguen siendo objeto de interés para los observadores del cielo. Algunos de estos fenómenos son los cometas, los meteoros brillantes, uno o varios de los cinco planetas que pueden verse fácilmente a simple vista, las conjunciones planetarias o los fenómenos ópticos atmosféricos como los parhelios y las nubes lenticulares. Un ejemplo es el cometa Halley, registrado por primera vez por astrónomos chinos en el año 240 a.C. y

Introducción

posiblemente ya en el 467 a.C. En la historia, estos relatos a menudo se trataban como presagios sobrenaturales, ángeles u otros presagios religiosos. Algunos investigadores actuales de los ovnis han observado similitudes entre algunos símbolos religiosos de las pinturas medievales y los informes sobre ovnis, aunque el carácter canónico y simbólico de dichas imágenes está documentado por los historiadores del arte que dan interpretaciones religiosas más convencionales a dichas imágenes.

Julius Obsequens fue un escritor romano que se cree que vivió a mediados del siglo IV de nuestra era. La única obra asociada a su nombre es el Liber de prodigiis (Libro de los prodigios), extraído íntegramente de un epítome, o compendio, escrito por Livio; De prodigiis se construyó como un relato de los prodigios y portentos ocurridos en Roma entre el 249 y el 12 a.C. Un aspecto de la obra de Obsequens que ha suscitado mucho interés en algunos círculos es que se hacen referencias a cosas que se mueven por el cielo. Se han interpretado como informes de OVNIs, pero también pueden describir meteoros, y, dado que Obsequens, probablemente, escribe en el siglo IV, es decir, unos 400 años después de los eventos que describe, difícilmente pueden calificarse como relatos de testigos oculares.

El 14 de abril de 1561, los habitantes de Núremberg describieron la aparición de un gran objeto negro triangular. Según los testigos, también hubo cientos de esferas, cilindros y otros objetos de formas extrañas que se movían erráticamente por encima de la cabeza.

El fenómeno celeste de 1566 sobre Basilea fue una serie de avistamientos masivos de fenómenos celestes sobre Basilea, Suiza. Se dice que los fenómenos celestes "lucharon" juntos en forma de numerosas bolas rojas y negras en el cielo. En los siglos XV y XVI, muchos folletos hablaban de "milagros" y "espectáculos celestes".

El 25 de enero de 1878, el Denison Daily News publicó un artículo en el que John Martin, un agricultor local, había informado de que había visto un objeto grande, oscuro y circular parecido a un globo que volaba "a una velocidad maravillosa". Martin, según el relato del periódico, dijo que parecía tener el tamaño de un platillo desde su perspectiva, uno de los primeros usos de la palabra "platillo" en asociación con un OVNI.

En abril de 1897, miles de personas declararon haber visto "naves aéreas" en varias partes de los Estados Unidos. Muchos firmaron declaraciones juradas. Decenas de personas incluso declararon haber hablado con los pilotos. A Thomas Edison se le pidió su opinión, y dijo: "Pueden creerme que es una pura falsificación".

Siglo XX y posteriores: Los tres primeros avistamientos de OVNIs de pilotos conocidos, de los 1.305 avistamientos similares catalogados por NARCAP, tuvieron lugar en 1916 y 1926. El 31 de enero de 1916, un piloto del Reino Unido, cerca de Rochford, informó de una hilera de luces, parecidas a las ventanas iluminadas de un vagón de tren, que se elevaron y desaparecieron. En enero de 1926 un piloto informó de seis "tapas de alcantarilla voladoras" entre Wichita, Kansas, y Colorado Springs, Colorado.

A finales de septiembre de 1926, un piloto de correo aéreo sobre Nevada dijo que había sido obligado a aterrizar por un enorme objeto cilíndrico sin alas.

El 5 de agosto de 1926, mientras viajaba por las montañas Humboldt de la región tibetana de Kokonor, el explorador ruso Nicholas Roerich informó que los miembros de su expedición vieron "algo grande y brillante que reflejaba el sol, como un enorme óvalo que se movía a gran velocidad. Al pasar por nuestro campamento, la cosa cambió de dirección del sur al suroeste. Y vimos cómo desaparecía en el intenso cielo azul. Tuvimos tiempo de coger nuestras gafas de campo

Introducción

y vimos claramente una forma ovalada con una superficie brillante, uno de cuyos lados brillaba por el sol". Otra descripción de Roerich fue la de un "cuerpo brillante que volaba de norte a sur". Las gafas de campo están a mano. Es un cuerpo enorme. Un lado brilla al sol. Tiene forma ovalada. Luego, de alguna manera, gira en otra dirección y desaparece en el suroeste".

En los teatros del Pacífico y de Europa durante la Segunda Guerra Mundial, los pilotos aliados y del Eje informaron de la existencia de "foo fighters" (esferas metálicas, bolas de luz y otras formas que seguían a los aviones) y en ocasiones los fotografiaron.

Algunas de las explicaciones propuestas por los aliados en aquella época incluían el fuego de San Elmo, el planeta Venus, alucinaciones por falta de oxígeno o armas secretas alemanas.

En 1946, se recogieron más de 2.000 informes, principalmente por parte de los militares suecos, de objetos aéreos no identificados sobre las naciones escandinavas, junto con informes aislados de Francia, Portugal, Italia y Grecia. Los objetos se denominaron "granizo ruso" (y más tarde "cohetes fantasma") porque se pensaba que los misteriosos objetos eran posiblemente pruebas rusas de cohetes V1 o V2 capturados por Alemania. Aunque se pensó que la mayoría eran fenómenos naturales como meteoritos, los militares suecos rastrearon más de 200 con el radar y los consideraron "objetos físicos reales". En un documento de alto secreto de 1948, las autoridades suecas informaron a la USAF Europa de que algunos de sus investigadores creían que estas naves eran de origen extraterrestre.

1

Estudios sobre los OVNIs

Los críticos sostienen que todas las pruebas de OVNIs son anecdóticas y que pueden explicarse como fenómenos naturales prosaicos. Los defensores de la investigación OVNI sostienen que el conocimiento de los datos de observación, aparte de lo que se informa en los medios de comunicación populares, es limitado en la comunidad científica y que se necesitan más estudios.

Los estudios han establecido que la mayoría de las observaciones de OVNIs son objetos convencionales mal identificados o fenómenos naturales -más comúnmente aviones, globos, incluyendo linternas del cielo, satélites y objetos astronómicos como meteoros, estrellas brillantes y planetas-.

. . .

Menos del 10% de los avistamientos reportados permanecen sin explicación después de una investigación adecuada y, por lo tanto, pueden ser clasificados como no identificados en el sentido más estricto. Según Steven Novella, los defensores de la hipótesis extraterrestre (ETH) sugieren que estos informes inexplicables son de naves espaciales extraterrestres, sin embargo no se puede excluir la hipótesis nula; que estos informes son simplemente otros fenómenos más prosaicos que no pueden ser identificados debido a la falta de información completa o debido a la necesaria subjetividad de los informes. Novella dice que, en lugar de aceptar la hipótesis nula, los entusiastas de los ovnis tienden a dedicarse a la defensa especial ofreciendo explicaciones extravagantes y no probadas para la validez de la ETH, que violan la navaja de Occam.

En general, la ufología no se considera creíble en la corriente principal de la ciencia. En el pasado, hubo cierto debate en la comunidad científica sobre si estaba justificada cualquier investigación científica de los avistamientos de ovnis, con la conclusión general de que el fenómeno no merecía una investigación seria, salvo como artefacto cultural.

. . .

El estudio de los ovnis ha recibido poco apoyo en la literatura científica convencional. Los estudios oficiales finalizaron en Estados Unidos en diciembre de 1969, tras la declaración del científico gubernamental Edward Condon de que no se podía justificar un mayor estudio de los ovnis por motivos de avance científico. El Informe de Edward Condon y sus conclusiones fueron respaldados por la Academia Nacional de Científicos, de la que Condon era miembro. Por otro lado, una revisión científica realizada por el subcomité de OVNIs del Instituto Americano de Aeronáutica y Astronáutica (AIAA) no estuvo de acuerdo con la conclusión de Edward Condon, señalando que al menos el treinta por ciento de los casos estudiados seguían sin explicación y que se podría obtener un beneficio científico si se continuaba con el estudio.

Al igual que Hynek, Jacques Vallée, un científico y destacado investigador de ovnis, ha señalado lo que él cree que es la deficiencia científica de la mayoría de las investigaciones sobre ovnis, incluidos los estudios gubernamentales. Se queja de la mitología y el culto que a menudo se asocian al fenómeno, pero alega que varios cientos de científicos profesionales -un grupo que tanto él como Hynek han denominado "el colegio invisible"- siguen estudiando los ovnis en privado.

Los ovnis se han convertido en un tema predominante en la cultura moderna, y los fenómenos sociales han sido objeto de investigación académica en sociología y psicología.

Además de los avistamientos visuales anecdóticos, los informes incluyen a veces reclamaciones de otros tipos de pruebas, incluyendo casos estudiados por los militares y varias agencias gubernamentales de diferentes países (como el Proyecto Libro Azul, el Comité Condon, el GEPAN/SEPRA francés y el actual estudio de la Fuerza Aérea de Uruguay).

El panel Sturrock de 1998 llevó a cabo una revisión científica exhaustiva de los casos en los que se disponía de pruebas físicas, con ejemplos específicos de muchas de las categorías que se enumeran a continuación.

- Contacto y seguimiento por radar, a veces desde múltiples sitios. En ellos han participado personal militar y operadores de torres de control, avistamientos visuales simultáneos e interceptaciones de aviones. Uno de estos ejemplos fue el de los avistamientos masivos de grandes triángulos negros silenciosos que volaban a baja altura en 1989 y 1990 sobre Bélgica, rastreados por los radares y los interceptores de la OTAN, e investigados por los militares belgas (se incluyeron pruebas fotográficas). Otro caso famoso de 1986 fue el incidente del vuelo 1628 de Japan Air Lines sobre Alaska, investigado por la Administración Federal de Aviación (FAA).

- Pruebas fotográficas, incluyendo fotos fijas, películas y vídeos.
- Afirmaciones de rastros físicos del aterrizaje de OVNIs, incluyendo impresiones en el suelo, tierra quemada o desecada, follaje quemado y roto, anomalías magnéticas, aumento de los niveles de radiación y rastros metálicos. (Véase, por ejemplo, el incidente del OVNI de Altura 611 o el encuentro de Lonnie Zamora en Socorro, Nuevo México, en 1964, de los casos del Proyecto Libro Azul de la USAF). Un ejemplo bien conocido de diciembre de 1980 fue el incidente del bosque de

Rendlesham de la USAF en Inglaterra. Otro ocurrió en enero de 1981 en Trans-en-Provence y fue investigado por el GEPAN, entonces la agencia oficial de investigación OVNI de Francia. El jefe del Proyecto Libro Azul, Edward J. Ruppelt, describió un caso clásico del CE2 en 1952, relacionado con una mancha de raíces de hierba carbonizada.

- Los efectos fisiológicos en personas y animales incluyen parálisis temporal, quemaduras y sarpullidos en la piel, quemaduras en la córnea y síntomas que se asemejan superficialmente al envenenamiento por radiación, como el incidente de Cash-Landrum en 1980.

Un grupo científicamente escéptico que lleva muchos años ofreciendo análisis críticos de las afirmaciones sobre ovnis es el Committee for Skeptical Inquiry (CSI).

Un ejemplo es la respuesta a las creencias locales de que los "seres extraterrestres" en los ovnis eran los responsables de la aparición de círculos en las cosechas en Indonesia, que el gobierno y el Instituto Nacional de

Aeronáutica y del Espacio (LAPAN) describieron como "hechos por el hombre". Thomas Djamaluddin, profesor de investigación de astronomía y astrofísica del LAPAN declaró: "Estamos de acuerdo en que esta 'cosa' no puede ser probada científicamente. Los científicos han colocado a los ovnis en la categoría de pseudociencia".

Gubernamental: Dibujo de OVNIs resultante de la orden del presidente de EE.UU.

Bill Clinton en 1995 a la CIA de desclasificar todos los documentos con "valor histórico" que tuvieran al menos 25 años de antigüedad.

Los OVNIs han sido objeto de investigaciones por parte de varios gobiernos que han proporcionado extensos registros relacionados con el tema. Muchas de las investigaciones más implicadas patrocinadas por el gobierno terminaron después de que las agencias concluyeran que no era beneficioso seguir investigando. Estas mismas conclusiones negativas también se han encontrado en estudios que fueron altamente clasificados durante muchos años, como el Flying Saucer

Working Party del Reino Unido, el Proyecto Condign, el Panel Robertson patrocinado por la CIA de EE.UU., la investigación militar de EE.UU. sobre las bolas de fuego verdes de 1948 a 1951, y el estudio del Battelle Memorial Institute para la USAF de 1952 a 1955 (Project Blue Book Special Report No. 14).

Algunos informes públicos de los gobiernos han reconocido la posibilidad de la realidad física de los OVNIs, pero no han llegado a proponer un origen extraterrestre, aunque no han descartado la posibilidad por completo.

Ejemplos de ello son la investigación militar belga sobre los grandes triángulos que sobrevolaron su espacio aéreo en 1989-1991 y la conclusión del estudio de la Fuerza Aérea de Uruguay de 2009.

Afirmaciones del personal militar, gubernamental y de la aviación: Desde 2001, varias personas han reclamado una mayor apertura por parte del gobierno. En mayo de 2001, una organización llamada Disclosure Project celebró una conferencia de prensa en el National Press Club de Washington D.C., en la que participaron veinte personas, entre ellas personal retirado de la Fuerza Aérea y de la FAA, oficiales de inteligencia y un controlador de tráfico aéreo.

Todos ellos hicieron un breve relato de lo que sabían o habían presenciado, y dijeron que estarían dispuestos a declarar bajo juramento ante una comisión del Congreso. Según un informe publicado en 2002 en el Oregon Daily Emerald, el fundador del Proyecto de Divulgación, Steven M. Greer, reunió 120 horas de testimonios de varios funcionarios gubernamentales sobre el tema de los ovnis, entre ellos el astronauta Gordon Cooper y un general de brigada.

En 2007, el ex gobernador de Arizona Fife Symington se presentó y afirmó tardíamente que había visto "una enorme nave en forma de delta navegar silenciosamente sobre Squaw Peak, una cordillera en Phoenix, Arizona" en 1997.

El 27 de septiembre de 2010, un grupo de seis ex oficiales de la USAF y un ex soldado raso de la Fuerza Aérea celebraron una conferencia de prensa en el Club Nacional de Prensa en Washington, D.C., con el tema

"Las armas nucleares de Estados Unidos han sido comprometidas por objetos aéreos no identificados".

Del 29 de abril al 3 de mayo de 2013, el Paradigm Research Group celebró la "Audiencia Ciudadana sobre la Divulgación" en el National Press Club. El grupo pagó al ex senador estadounidense Mike Gravel y a los ex representantes Carolyn Cheeks Kilpatrick, Roscoe Bartlett, Merrill Cook, Darlene Hooley y Lynn Woolsey 20.000 dólares a cada uno para que escucharan el testimonio de un panel de investigadores que incluía testigos de origen militar, de agencias y político.

El Dr. Edgar Mitchell, astronauta del Apolo 14, afirmó que sabía de empleados gubernamentales de alto nivel que habían estado involucrados en "encuentros cercanos", y debido a esto, no tiene ninguna duda de que los extraterrestres han visitado la Tierra.

En mayo de 2019, The New York Times informó de que aviones de combate de la Marina estadounidense tuvieron varios encuentros con objetos inexplicables mientras realizaban ejercicios frente a la costa oriental de Estados Unidos desde el verano de 2014 hasta marzo de 2015. El Times publicó un vídeo de los instrumentos de la cabina de un objeto que se movía a gran velocidad cerca de la superficie del océano mientras parecía girar. Los pilotos observaron que los objetos eran capaces de una gran aceleración, desaceleración y maniobrabilidad. En dos incidentes distintos, un piloto informó de que los instrumentos de su cabina fijaron y rastrearon los objetos, pero que no pudo verlos a través de la cámara de su casco. En otro encuentro, un objeto descrito como una esfera que encerraba un cubo pasó entre dos jets mientras volaban a unos 30 metros de distancia. El Pentágono publicó oficialmente estos vídeos el 27 de abril de 2020. La Marina de los Estados Unidos ha dicho que ha habido "una serie de informes de aeronaves no autorizadas y/o no identificadas que han entrado en varios rangos controlados por el ejército y en el espacio aéreo designado en los últimos años".

En marzo de 2021, los medios de comunicación anunciaron que se iba a elaborar un informe exhaustivo de los sucesos OVNI acumulados por Estados Unidos a lo largo de los años.

. . .

El 12 de abril de 2021, el Pentágono confirmó la autenticidad de las fotos y vídeos recogidos por la Fuerza de Tarea de Fenómenos Aéreos No Identificados (UAPTF), que supuestamente mostraban "objetos en forma de pirámide" que se cernían sobre el USS Russell en 2019, frente a la costa de California, y la portavoz Susan Gough dijo: "Puedo confirmar que las fotos y vídeos referidos fueron tomados por personal de la Marina. La UAPTF ha incluido estos incidentes en sus exámenes en curso. "En mayo de 2021, los pilotos militares recordaron sus encuentros relacionados, junto con el apoyo de la cámara y el radar, incluyendo el relato de un piloto señalando que tales incidentes ocurrieron "todos los días durante al menos un par de años", según una entrevista emitida en el programa de noticias, 60 minutos (16 de mayo de 2021). El escritor científico y escéptico Mick West sugirió que la imagen era el resultado de un efecto óptico llamado bokeh que puede hacer que las fuentes de luz desenfocadas parezcan triangulares o piramidales debido a la forma de la apertura de algunas lentes.

El 25 de junio de 2021, funcionarios de defensa e inteligencia de Estados Unidos publicaron el Informe OVNI del Pentágono sobre lo que saben de una serie de objetos voladores no identificados que han sido vistos por pilotos militares estadounidenses. El administrador de la NASA, Bill Nelson, dijo que los avistamientos de OVNIS por parte de los pilotos "podrían no ser extraterrestres".

Los ovnis son a veces un elemento de las teorías conspirativas en las que los gobiernos supuestamente "encubren" intencionadamente la existencia de extraterrestres eliminando las pruebas físicas de su presencia o incluso colaborando con seres extraterrestres. Hay muchas versiones de esta historia; algunas son exclusivas, mientras que otras se solapan con otras teorías de la conspiración.

En Estados Unidos, un sondeo de opinión realizado en 1997 sugería que el 80% de los estadounidenses creía que el gobierno de ese país estaba ocultando esa información.

Varias personas notables también han expresado esas opiniones. Algunos ejemplos son los astronautas Gordon Cooper y Edgar Mitchell, el senador Barry Goldwater, el vicealmirante Roscoe H. Hillenkoetter (primer director de la CIA), Lord Hill-Norton (ex jefe del Estado Mayor de la Defensa británico y jefe de la OTAN), el estudio francés COMETA de 1999 realizado por varios generales y expertos aeroespaciales franceses, e Yves Sillard (ex director del CNES, nuevo director de la organización francesa de investigación de ovnis GEIPAN).

Algunos autores paranormales también han sugerido que toda o la mayor parte de la tecnología y la cultura humanas se basan en el contacto extraterrestre (véase también antiguos astronautas).

Ahora sí, sin más demora, ya con la información anterior, nos adentraremos a las historias de avistamientos de OVNIs.

2

Luces extrañas en el cielo

A LO LARGO de la historia los seres humanos han observado objetos en el cielo que no han podido identificar.

Hasta hace relativamente poco tiempo, fenómenos celestes como los cometas, las auroras y los eclipses de sol y de luna eran considerados con temor y terror supersticioso. Hoy en día, la mayoría de la gente tiene una comprensión básica de un eclipse y del origen de los cometas y meteoros, pero sigue habiendo muchas cosas menos reconocibles en el cielo. Todos estos fenómenos entran en la categoría de Objetos Voladores No Identificados (OVNIs), un término que engloba cualquier cosa en los cielos que no puede ser fácilmente identificada pero que lleva la fuerte implicación de un origen extraterrestre.

. . .

Pero si se sabe dónde buscar, la historia está llena de relatos que parecen espantosamente similares a los avistamientos modernos de ovnis, aunque las explicaciones contemporáneas eran a menudo muy diferentes.

En la antigüedad, las señales y los presagios en el cielo se atribuían a las actividades de los dioses, pero los romanos contemplaban la posibilidad de viajes a la luna y a otros mundos. Algunos autores modernos señalan las descripciones de "carros de fuego" y "columnas de nube y fuego" del Antiguo Testamento como prueba de la actividad de los ovnis en la antigüedad. En Chariots of the Gods?

Erich von Däniken afirmaba que los mitos y leyendas sobre dioses y ángeles eran en realidad descripciones de extraterrestres tecnológicamente avanzados que visitaron nuestro mundo en un pasado lejano. Su libro se publicó por primera vez en 1968, el mismo año en que la película de Stanley Kubrik "2001: Una odisea del espacio" predijo el descubrimiento de pruebas de vida extraterrestre y sugirió que la intervención de inteligencias alienígenas podría haber ocurrido en una etapa anterior de la evolución humana. En 1969, la ciencia ficción se convirtió en realidad cuando los astronautas del Apolo Neil Armstrong y Buzz Aldrin se convirtieron en los primeros hombres en pisar la Luna.

Pero la idea de que exploradores de otros mundos visitaron la Tierra en el pasado y regresaron ocasionalmente para vigilar a la raza humana no era nada nuevo. Medio siglo antes de los alunizajes, el coleccionista de curiosidades estadounidense Charles Fort (1874-1932) especulaba con la "propiedad" de la raza humana. En su Libro de los condenados, publicado en 1919, escribió que '... antaño, esta tierra era tierra de nadie, que otros mundos exploraron y colonizaron aquí, y lucharon entre sí por su posesión, pero que ahora es propiedad de algo... todos los demás están advertidos'. Las pruebas de Fort se basan en los relatos de fenómenos inusuales en el cielo que encontró en los archivos de las revistas científicas y los periódicos de finales del siglo XIX y principios del XX.

Se refirió a ellos como "datos malditos" por la forma en que la clase dirigente intentaba explicar los fenómenos que no podían explicarse dentro de los límites del conocimiento científico existente.

. . .

En el siglo XIX se registraron ocasionalmente avistamientos de luces extrañas en el cielo en los cuadernos de bitácora y los diarios de marineros y exploradores. A veces se informaba oficialmente al gobierno británico.

Charles Fort destacó un avistamiento registrado en febrero de 1893 por el capitán Charles Norcock, comandante de la corbeta HMS Caroline, como prueba de que la Tierra había sido visitada "por exploradores de otros mundos". En una tarde invernal, el barco se dirigía desde Shangai hacia el Mar de Japón cuando el oficial de guardia llamó al capitán a la cubierta y señaló la altura de 6.000 pies del Monte Auckland. Por encima del horizonte, pero frente a la montaña, apareció una formación de extrañas luces, "que parecían linternas chinas engalanadas entre los mástiles de un buque elevado".

Las luces aparecieron primero como una masa, y luego se extendieron en líneas irregulares a medida que se desplazaban hacia el norte. La noche siguiente se vieron más luces curiosas desde un lugar diferente. El capitán Norcock, utilizando un telescopio, las describió como "globos de fuego" ovalados y de color rojo que flotaban sobre el horizonte en un grupo masivo "con una luz periférica a la derecha".

De vez en cuando, ésta desaparecía y "las otras adoptaban la forma de una media luna o de un diamante, o colgaban en forma de festón en una línea curva".

Al llegar al puerto japonés de Kobe, el capitán se fijó en una noticia del periódico que decía que "la luz desconocida del Japón" había sido vista por los pescadores locales "como es habitual en esta época, cuando el tiempo es muy frío, tormentoso y claro". Norcock se enteró por el capitán de otro buque de guerra, el HMS Leander, de que sus oficiales también habían visto luces que creían eran de un barco en llamas en la misma localidad. Alteraron su rumbo para ayudar, pero descubrieron que las luces se elevaban en el cielo cuando se acercaban.

Tres décadas antes, el gobierno británico creó la primera investigación oficial sobre fenómenos aéreos inexplicables.

. . .

En 1865 se pidió a la Junta de Comercio que investigara el origen de las "luces misteriosas" que atraían a muchos barcos a la destrucción en la costa del noreste de Inglaterra. En diciembre de ese año, las pérdidas fueron tan grandes que un grupo de pilotos marítimos y pescadores solicitaron a su diputado una investigación. Una comisión dirigida por el contralmirante Sir Richard Collinson (1811-1883) llegó a Sunderland y tomó declaración a guardacostas, marineros y residentes que habían presenciado las luces.

En los testimonios conservados en los Archivos Nacionales, los tripulantes experimentados describieron cómo habían sido atraídos hacia la orilla por una o varias luces giratorias que confundieron con el faro de la desembocadura del Tyne. No se dieron cuenta de que estaban equivocados hasta que los barcos chocaron con las traicioneras rocas.

Los guardacostas y los pescadores dijeron a la investigación que se habían visto luces similares sobre la costa cerca de Souter Point durante un período de 30 años, pero nunca con tanta frecuencia como durante el invierno de 1865-66. La comisión no pudo encontrar ninguna prueba de que las "falsas luces" hubieran sido encendidas deliberadamente por alguien que pudiera sacar provecho de los naufragios. Tras la pérdida de otros 20 barcos en 1869, Trinity House construyó un nuevo faro en Souter Point para guiar a los barcos a un lugar seguro. Las misteriosas luces nunca volvieron a verse.

Aunque los fenómenos vistos sobre la costa de Durham y el Mar de Japón eran sólo "luces", también hay ejemplos del siglo XIX de objetos circulares y con forma de torpedo vistos en el cielo. Por ejemplo, el 22 de marzo de 1870 la tripulación de la barca Lady of the Lake observó lo que describió como una "nube notable" que se elevaba en el cielo durante un crucero por el Océano Atlántico Norte. La "nube" era circular, de color gris y tenía una compleja estructura interna dividida en cuatro secciones, cuyo eje divisorio central comenzaba en el centro del círculo y se extendía hacia el exterior.

La misteriosa "nube" fue visible durante media hora y parecía surgir del horizonte sur. Desapareció en el noreste. En una anotación tomada del cuaderno de bitácora, el capitán Frederick Banner observó que el extraño objeto parecía mucho más bajo que las otras nubes y añadió: "Subió oblicuamente contra el viento y finalmente se posó justo en el ojo del viento".

Aparte de Charles Fort, pocas personas en el siglo XIX estaban preparadas para especular que la Tierra recibía visitas regulares de exploradores extraterrestres. Pero los viajes por el cielo -y en última instancia a otros mundos- ya formaban parte de la literatura de ciencia ficción.

El libro de Julio Verne "Vuelta a la Luna", de 1865, y su continuación "De la Tierra a la Luna", introdujeron la idea de los viajes en naves espaciales a un público masivo.

Mientras tanto, los periódicos de gran tirada publicaban historias que describían a exóticos alienígenas que vivían en la Luna y en Marte. Por ejemplo, Benjamin Day causó sensación en 1835 cuando su periódico, el New York Sun , publicó una serie sobre "Grandes descubrimientos astronómicos" que describía plantas y animales que vivían en la superficie lunar y criaturas humanoides que volaban con alas de murciélago. Más adelante, Percival Lowell examinó el planeta

Marte desde un observatorio en Arizona y se convenció de que los "canales" marcianos eran una prueba de que el planeta rojo albergaba una civilización avanzada.

Si existían alienígenas inteligentes en Marte o en cualquier otro lugar del sistema solar, la siguiente pregunta lógica era: ¿eran amistosos u hostiles? Cuando H. G. Wells discutió esta cuestión con su hermano Frank, ambos se preguntaron cómo se las arreglarían los humanos cuando se enfrentaran a una raza alienígena más avanzada. Frank estableció un paralelismo con el trauma experimentado por los nativos de Tasmania cuando fueron colonizados por los europeos. Esta observación inspiró a Wells en la que es, sin duda, una de las mejores novelas de ciencia ficción jamás escritas, La guerra de los mundos.

El año anterior a la publicación del libro de Wells, hubo una avalancha de avistamientos en Norteamérica de un "misterioso dirigible" similar a los imaginados en los libros de Julio Verne. Muchos creyeron que el dirigible era producto de un inventor secreto estadounidense que estaba probando su máquina voladora en secreto. La mayoría de los avistamientos eran luces en el cielo nocturno, pero el "dirigible" también se vio a la luz del día y se describió con forma de cigarro, de color plateado y equipado con una variedad de alas, velas y hélices. La ola de dirigibles comenzó en California en noviembre de 1896 y los avistamientos se extendieron hacia el este. En la primavera de 1897, cientos de ciudadanos estadounidenses, entre ellos policías, jueces y hombres de negocios, fueron citados por los periódicos como observadores del "misterioso dirigible".

Sin embargo, estos avistamientos se produjeron más de cinco años antes de que el endeble avión de los hermanos Wright despegara en Kitty Hawk. Curiosamente, también incluían muchos temas que más tarde aparecerían en la era de los ovnis modernos, como aterrizajes en zonas remotas, accidentes que dejaban tras de sí extraños trozos de metal con jeroglíficos inscritos e incluso encuentros con tripulaciones de aeronaves.

Por ejemplo, un hombre de California afirmó haberse encontrado con una nave aterrizada y su tripulación marciana, que intentó secuestrarle a él y a su acompañante.

. . .

Naves aéreas y naves del miedo: El optimismo y el asombro que sustentaban la locura norteamericana por ver máquinas voladoras avanzadas similares a las imaginadas por Julio Verne fueron sustituidos en Europa por el miedo a la invasión y al ataque desde el aire. En 1908, la novela de H. G. Wells "La guerra en el aire" predijo una guerra futura en la que se utilizarían dirigibles y aviones alemanes para bombardear a la población civil de Nueva York y otras ciudades. En Gran Bretaña, la ficción de Wells pareció dar un paso más hacia la realidad en la primavera de 1909, cuando empezaron a llegar a Londres historias de extrañas luces y objetos con forma de cigarro vistos acechando en los cielos por la noche. Pronto aparecieron en la prensa relatos sorprendentes. Entre ellos se encuentra el ofrecido por el granjero Fred Harrison de King's Lynn, Norfolk, y publicado en el Daily Express el 14 de mayo de 1909. Harrison dijo: "Oí un ruido de zumbido en lo alto, y cuando miré hacia arriba vi que los campos de alrededor estaban iluminados por una luz brillante. La luz provenía de un objeto largo y oscuro que se desplazaba rápidamente por encima de la cabeza.

El reflector iluminaba la carretera, los edificios de la granja, los árboles y todo lo que tocaba, de modo que parecía de día".

. . .

Algunos informes procedían de fuentes respetables. Uno de los primeros fue realizado por un oficial de la policía de Peterborough que estaba haciendo la ronda en las primeras horas del 23 de marzo de 1909. Según un relato publicado en el Daily Mail dos días después, el agente Kettle oyó "el zumbido constante de un motor de gran potencia" y al mirar hacia arriba vio una potente luz en lo alto del cielo del amanecer y "un cuerpo oscuro, de forma oblonga y estrecha, que se perfilaba contra las estrellas".

No es difícil imaginar que estos relatos aparezcan en los titulares como los últimos avistamientos de ovnis o platillos volantes. En 1909 se interpretaron no como pruebas de naves alienígenas que habían cruzado vastas distancias interplanetarias, sino de aeronaves enemigas que habían viajado a Gran Bretaña a través del Mar del Norte. El monstruoso Zeppelin alemán tenía menos de una década de vida, pero en sus diversas encarnaciones había llegado a simbolizar la superioridad técnica alemana en el aire.

. . .

Con la creciente rivalidad entre los dos países, estos avistamientos fueron tomados por algunos como una prueba irrefutable de que Alemania estaba espiando a Gran Bretaña desde el aire.

Al igual que en el caso de los avistamientos estadounidenses de finales del siglo XIX, hubo incluso alegaciones de "contacto", como en la historia del hombre de Cardiff que se encontró con lo que creía que era un dirigible aterrizado en una remota ladera del sur de Gales. El Sr. Lethbridge, un artista de Punch-and-Judy, estaba cabalgando por la montaña de Caerphilly a altas horas de la noche en mayo de 1909 cuando giró en una curva y vio "un objeto con forma de tubo largo tirado en el borde de la carretera". Dos hombres vestidos con pesados abrigos de piel y gorros estaban ocupados trabajando en su máquina voladora. Cuando se acercó, saltaron y "parlotearon furiosamente entre ellos" en un idioma que no entendía. Antes de que pudiera decir nada, los hombres (que supuso que eran espías alemanes) saltaron a una cabina debajo del dirigible, que luego "se elevó en el aire en forma de zigzag". Desapareció en dirección a Cardiff, mostrando dos luces brillantes mientras se elevaba en el cielo.

. . .

Mientras los titulares se preguntaban "¿De quién es el dirigible?", algunos miembros de la prensa utilizaron estas historias alarmantes para presionar al gobierno británico para que aumentara el gasto en aviones. Otros se preguntaban "¿existe realmente o es un producto de nuestra imaginación?

Como muchos reconocieron en su momento, era muy improbable que los dirigibles alemanes existentes fueran capaces de realizar un viaje así. Al fin y al cabo, hasta julio de 1909 el aeronauta francés Louis Blériot no completó su famoso cruce del Canal de la Mancha en avión, una hazaña que llevó al magnate de la prensa Lord Northcliffe a proclamar que "Inglaterra ya no es una isla".

Los periodistas escépticos apodaron a los visitantes nocturnos "naves del miedo" y se preguntaron por qué parecían desaparecer al amanecer. El viaje de ida y vuelta desde los hangares del Zeppelin en Friedrichshafen (Alemania) hasta la costa este de Gran Bretaña, de 1.000 millas cada uno, también habría sido imposible de completar al amparo de la oscuridad y habría llevado al gigantesco dirigible sobre partes de Bélgica y

Francia a la luz del día, donde habría sido visto por miles de personas.

El incidente de Sheernes: Aunque el susto de la aeronave de 1909 llegó a su fin después de un par de meses, se producirían más avistamientos. En 1912, Winston Churchill, entonces Primer Lord del Almirantazgo, presidió lo que podría llamarse la primera investigación gubernamental sobre un avistamiento de ovnis sobre una base militar sensible. El interés del futuro Primer Ministro por este tema resurgiría de nuevo cuando los OVNIs fueron noticia durante la década de 1950.

El 13 de octubre de 1912, un nuevo Zeppelin naval, el L-1, emprendió un vuelo de resistencia de 30 horas desde su base en Friedrichshafen (Alemania). El vuelo de 900 millas llevó a la aeronave a sobrevolar el Mar del Norte; luego giró hacia Berlín, donde aterrizó a las 15.45 horas del día siguiente. Justo después de la puesta de sol de esa tarde, se vio y oyó algo que sobrevolaba el puerto de Sheerness, en Kent. Los astilleros de esta localidad eran una parte importante de las defensas británicas y albergaban una escuela de torpedos de la Royal Navy y una estación de vuelo naval en la cercana Eastchurch.

· · ·

Con el paso de los días, la noticia del vuelo del Zeppelin sobre el Mar del Norte llegó al gobierno británico y el incidente adquirió un aspecto más siniestro para los funcionarios.

El 25 de octubre, el director del Departamento Aéreo del Almirantazgo, Murray F. Sueter, pidió al capitán de la escuela de torpedos de la Royal Navy que "hiciera averiguaciones privadas" para descubrir si un Zeppelin había visitado realmente Sheerness. Interrogado en la Cámara de los Comunes el 21 de noviembre, Churchill escribió: "Hice que se hicieran averiguaciones y he comprobado que se oyó un avión desconocido sobre Sheerness alrededor de las 7 de la tarde... Se encendieron bengalas en Eastchurch, pero el avión no aterrizó". Preguntado además sobre si sabía "dónde estaban nuestros propios aviones esa noche", Churchill respondió: "Sé que no era uno de nuestros aviones".

El clamor que siguió a la publicación de esta historia llevó al Conde Zeppelin a telegrafiar al editor del Daily Mail: "Ninguno de mis dirigibles se acercó a la costa inglesa la noche del 14 de octubre". Esta fue también la conclusión a la que llegaron los historiadores de los dirigibles. Al avistamiento de Eastchurch le siguieron muchos otros. En febrero de 1913, por ejemplo, cientos de personas de la costa este de Inglaterra vieron lo que creían que era el faro de un "Zeppelin fantasma" surcando el cielo claro de la noche. En la noche del 25 de febrero se produjeron 37 avistamientos distintos, entre ellos el de los guardacostas de Hornsea, que informaron de sus observaciones al Almirantazgo británico.

Los escépticos señalaron que el susto coincidió con un período en el que el planeta Venus era prominente en el cielo nocturno después de la puesta de sol y no se han encontrado pruebas de que ninguna flota de dirigibles alemanes visitara realmente la costa inglesa durante el invierno de 1912-13. Por lo tanto, nos preguntamos qué fue lo que se vio y se oyó sobre la escuela de torpedos de Eastchurch y en otros lugares cuando Gran Bretaña se vio atrapada por la "manía de los dirigibles". ¿La gente veía objetos celestes brillantes o simplemente imaginaba cosas?

Rumores peligrosos: En algunos casos, parece que la gente podría estar imaginando cosas. Un ejemplo dramático y ligeramente cómico, que se puede encontrar entre los antiguos archivos de la División de Historia Aérea de los Archivos Nacionales, ocurrió cerca del astillero Vickers en Barrow-in-Furness pocos días después del estallido de la Primera Guerra

Mundial. Aunque el primer ataque aéreo alemán real contra Inglaterra por parte de los zepelines no se produjo hasta enero de 1915, la Oficina de Guerra se vio inundada de informes antes de esa fecha; con el temor generalizado a un ataque inminente desde el aire, cada luz en el cielo se transformaba en una aeronave enemiga.

El astillero de Vickers en Barrow-in-Furness, Cumbria, al igual que Sheerness, era de gran importancia militar y estaba vigilado por el único cañón antiaéreo de la costa oeste. Se colocaron centinelas alrededor del astillero con órdenes de abrir fuego contra cualquiera que no respondiera a su desafío. A última hora de la noche del 10 al 11 de agosto, el mayor Becke, comandante de las defensas de Barrow, declaró que durante la noche se habían visto dos, o posiblemente tres, aeronaves sobrevolando los astilleros Vickers y que el cañón antiaéreo les había disparado sin efecto.

En una detallada descripción de los hechos, el teniente W. Adair, del 5º Regimiento Fronterizo, con base en la cercana Sowerby Lodge, cuenta que sus hombres habían visto dos naves con forma de cigarro que se desplazaban a gran altura en dirección norte, con sus formas iluminadas por el resplandor de la fábrica de hierro. A medianoche, los centinelas de Sandscale vieron otra luz y abrieron fuego con sus ametralladoras. Junto a las excitantes declaraciones de los que vieron algo o dispararon al cielo nocturno hubo una del oficial al mando de los hombres que, tras oír los disparos, los encontró: "... contemplando una estrella brillante; pequeñas nubes revoloteaban sobre esta estrella y la oscurecían en cierta medida. Yo mismo pensé que los hombres habían sido engañados, ya que no podía ver nada en forma de avión".

En otra parte del mismo archivo de la División de Historia Aérea hay un relato más problemático de finales de 1914, que fue registrado por la tripulación de un arrastrero de Hull -el SS Ape- la noche antes de que la flota alemana de alta mar bombardeara los puertos de la costa este de Scarborough y Whitby. En una declaración a un oficial de inteligencia, el capitán del barco describió cómo su barco se dirigía a Yarmouth a las 16.10 horas del 15 de diciembre cuando la tripulación vio "un objeto negro a popa que se acercaba gradualmente". Vieron cómo la aeronave giraba y se dirigía hacia la costa de Lincolnshire, donde desapareció entre la bruma y la niebla.

. . .

Entre los numerosos informes sobre aeronaves del primer año de la guerra, éste fue registrado en la historia oficial como "probado como un hecho". Sin embargo, ahora sabemos que un dirigible alemán no pudo ser el responsable de este avistamiento. Los diarios de guerra de los dirigibles examinados por el historiador Douglas Robinson muestran que las condiciones meteorológicas eran tan atroces el 15 de diciembre de 1914 que ninguno de los dirigibles navales alemanes pudo salir de sus cobertizos en el continente. Y al igual que con los avistamientos anteriores, cualquier dirigible alemán que se dirigiera a estas costas seguramente habría sido visto en algún lugar por alguien mientras cruzaba la Europa continental.

Sea lo que sea lo que visitó Inglaterra en la oscuridad durante los primeros meses de la guerra, no pudo ser un Zeppelin. Entonces, ¿qué se vio? Durante la oleada de 1909 se descubrió que los bromistas habían logrado engañar al menos a algunos testigos con cometas iluminadas y globos de fuego. De hecho, en 2009, flotas de linternas chinas -iluminadas con pequeñas velas- han engañado a la gente haciéndoles creer que estaban viendo ovnis. ¿Podría decirse lo mismo en 1912 y 1914? ¿Fueron estos extraños avistamientos sólo globos y estrellas brillantes transformados por el miedo y la ansiedad en algo más amenazante? Sea o no esta la explicación, estos primeros avistamientos son sin duda precursores directos de los supuestos OVNI que seguirán en la era moderna.

Encuentros sobre Londres: El avistamiento más importante de un "dirigible fantasma" registrado en la historia oficial de los ataques aéreos alemanes se distingue de otros realizados en esta época y también cuenta como el primer encuentro con un OVNI reportado por un piloto militar británico. En la noche del 31 de enero de 1916, las tripulaciones de nueve zepelines de la marina alemana salieron de sus cobertizos en el continente con órdenes de atacar Liverpool, con Londres como objetivo secundario.

Pero el plan se vio frustrado por las malas condiciones meteorológicas: lluvia helada, nieve y una espesa niebla en el suelo. Esto ocultó gran parte del campo desde el aire e imposibilitó la navegación precisa. En la confusión que siguió, varias ciudades de las Midlands fueron bombardeadas dejando 71 muertos y 113 heridos.

. . .

Durante la incursión, la Oficina de Guerra pudo trazar el rumbo de las nueve aeronaves atacantes. De los mapas que elaboraron se desprende que ninguna de las aeronaves de asalto llegó a Londres o al sureste de Inglaterra, pero al menos una de las aeronaves de asalto giró inicialmente hacia el sur tras cruzar la costa de East Anglian a las 19:00 horas. La Oficina de Guerra calculó que si se mantenía ese rumbo, el Zeppelin estaría sobre Londres en una hora y se ordenó a los aviones que defendían la capital que los interceptaran.

Poco antes de las 20.30 horas, dos pilotos del Royal Flying Corps que volaban en biplanos B.E.2c informaron de que perseguían unas luces en movimiento a 10.000 pies sobre el centro de Londres. Ambos perdieron sus objetivos en las nubes, y parece posible que en realidad hubieran avistado luces en los aviones del otro. Pero otro avistamiento realizado por un piloto de la Royal Navy es mucho más difícil de explicar.

A las 20.45 horas, el subteniente de vuelo Eric Morgan despegó de la estación del Servicio Aéreo de la Marina Real en Rochford, Essex, y comenzó a patrullar a 6.400 pies cuando su motor comenzó a fallar. En ese momento vio un poco por encima de su propia altitud y ligeramente por delante a su derecha, a unos 100 pies de distancia de su avión, "una fila de lo que parecían ser ventanas iluminadas que parecían algo así como un vagón de tren con las persianas bajadas".

Suponiendo que se encontraba frente a un Zeppelin que preparaba un ataque al centro de Londres, Morgan sacó su pistola Webley & Scott y disparó. Inmediatamente, "las luces de al lado se elevaron rápidamente" y desaparecieron en la oscuridad, tan rápidamente que Morgan creyó que su propio avión había caído en picado. Luchó por controlar su avión y se vio obligado a realizar un aterrizaje de emergencia en los pantanos de Thameshaven.

El relato del avistamiento de Morgan, descrito como "un encuentro con una aeronave fantasma", aparece en la historia oficial del capitán Joseph Morris, The German Air Raids on Great Britain 1914-18, publicada en 1925 y basada en registros entonces clasificados.

Morris se refiere directamente al informe del aviador presentado ante el Almirantazgo, pero este informe no se menciona en el relato oficial de la incursión del 31 de enero de 1916 publicado por el Ministerio de Guerra, que traza las trayectorias de vuelo de los Zeppelines y los intentos de los cazas británicos por interceptarlos. Por ello, los historiadores han tenido la impresión de que las autoridades no le dieron crédito.

De hecho, hubo un relato de un cuarto piloto, el subteniente de vuelo H. McClelland, que dijo haber visto lo que describió como "un Zeppelin" atrapado brevemente en el resplandor de los reflectores sobre Londres a las 9.00 pm, 15 minutos después del encuentro de Morgan. Desapareció al cerrar la distancia. Su informe fue remitido al Almirantazgo, donde el Tercer Señor del Mar, el contralmirante F.C.T. Tudor, lo desestimó con el siguiente comentario: "Los vuelos nocturnos deben ser difíciles y peligrosos, y requieren un considerable valor y coraje, pero este aviador parece haber sido dotado de una imaginación más vívida de lo habitual".

La luz en los páramos: Los zepelines fantasma no fueron el único fenómeno que las autoridades se esforzaron por explicar durante la Primera Guerra Mundial.

. . .

Dada la creencia generalizada de que los espías alemanes estaban activos en Gran Bretaña en gran número, se encontraron llevando a cabo una serie de investigaciones sobre cosas que podrían haber sido ignoradas en tiempos de paz. Lo más evidente son las historias de luces móviles que empezaron a llegar a la Oficina de Guerra y que, se temía, podían revelar intentos de comunicación con barcos o aviones alemanes desde tierra a través de sofisticadas bengalas.

Durante el período 1915-16, por ejemplo, la base de la Royal Navy en Devonport comenzó a recibir relatos de luces misteriosas vistas en Dartmoor. Entre los registros del Almirantazgo en los Archivos Nacionales se encuentra una declaración firmada por el Teniente Montague Elliott, Comandante en Jefe de la Reserva Naval Real de Devonport, que menciona "innumerables informes" que describen una bola de luz que "se ve elevarse perpendicularmente desde el suelo hasta una altura de entre 30 y 60 pies".

Estos avistamientos causaron gran preocupación y los oficiales de inteligencia intentaron capturar esta "luz flotante" vigilando partes de Dartmoor a altas horas de la noche.

. . .

En el mismo archivo figura un relato extraordinario de una de estas operaciones. El teniente coronel W.P. Drury era el oficial de inteligencia de la guarnición de Devonport y a finales de diciembre de 1915 interrogó a varios civiles que vivían en la zona de Ashburton y que habían visto misteriosas luces moviéndose sobre Dartmoor en las primeras horas. Una de ellas era la señora Cave-Penny, que vivía en una granja aislada desde la que se podían ver los páramos que rodean la mina Hexworthy.

Ella y su hija declararon haber visto en varias ocasiones "una luz blanca y brillante que se elevaba desde un punto situado a unos cientos de metros al este de la mina", que giraba a través del valle y desaparecía. El informe de Drury afirmaba que "la luz a veces se elevaba por encima de la línea del horizonte y otras veces se veía contra el telar de Down Ridge en el que está situada la mina". En cada ocasión se elevó desde el mismo lugar y siguió el mismo curso".

Alertado por esta regularidad, Drury obtuvo permiso para vigilar tres lugares donde se habían visto las luces.

. . .

Tras varias visitas nocturnas, él mismo vio el fenómeno.

A las 21.30 horas del 4 de septiembre de 1915, Drury y otro oficial de inteligencia comenzaron a observar Dartmoor desde un escondite frente a la carretera principal Totnes-Newton Abbot. Su informe describe cómo de repente: "... observamos una luz blanca y brillante, de aspecto considerablemente mayor que un planeta, que ascendía constantemente desde la pradera hasta una altura aproximada de 50 o 60 pies. Luego giró unos cien metros hacia la izquierda y desapareció de repente. Su trayectoria era claramente visible contra el fondo oscuro de bosques y colinas, aunque, siendo la noche oscura, no era fácil determinar si estaba un poco por encima o por debajo de la línea del horizonte. Estábamos a menos de una milla de la luz y ambos vimos claramente su ascenso y su tránsito".

Desgraciadamente para su operación, el río Dart se interponía entre los dos hombres y la misteriosa luz y no había ningún puente o vado por el que pudieran cruzar para llegar al prado del que parecía surgir. Incapaz de resolver el misterio, Drury completó su informe con una nota de decepción: "... He observado Down Ridge, Dartington Manor y Barton Pines por la noche en varias ocasiones antes y desde el 4 de septiembre, pero esa fecha es la única vez que he visto personalmente esta "luz flotante" que ha sido reportada tan a menudo por otros testigos fiables... '

Tres meses más tarde, el Cuartel General de las Fuerzas Internas publicó un informe confidencial de 16 páginas sobre el resultado de sus investigaciones sobre cientos de informes similares de luces en el cielo que se habían atribuido ampliamente a los espías alemanes. En él se concluía que no había "ninguna prueba en la que basar la sospecha de que esta clase de actividad enemiga hubiera existido" y se decía que alrededor del 89% de los informes habían sido explicados.

En este informe, un grupo de avistamientos se clasifica como "luces en movimiento en el aire" y afirma: Estas luces son a menudo difíciles de explicar satisfactoriamente. Los planetas y las estrellas muy brillantes han dado lugar con frecuencia a estos informes... [y] en un caso hay motivos para creer que estas luces se han basado en el fenómeno, hasta ahora mal observado, del gas de pantano o "ignis fatuus".

. . .

Esta conclusión es poco convincente, ya que invoca un fenómeno inexplicable para explicar otro. El ignis fatuus ("fuego tonto") también se conoce, en el folclore inglés, como "Will-o'-the-Wisp" o "Jack-o'-Lantern". El Oxford English Dictionary lo define como "una luz fosforescente que se ve revoloteando o revoloteando sobre un terreno pantanoso".

En el pasado, los movimientos escurridizos de estas luces hacían creer a los observadores que estaban controladas por un espíritu travieso que extraviaba a los viajeros en la oscuridad.

Aunque antiguamente era un fenómeno nocturno común en las zonas rurales de las Islas Británicas, los avistamientos han sido extremadamente raros en los tiempos modernos. Al menos desde el siglo XVIII, los químicos creían que el metano producido por la materia orgánica en descomposición podía encenderse espontáneamente para crear luces incandescentes que, al oscurecer, podían parecer elevarse en el aire. Pero estudios más recientes, como el publicado en 1980 por el químico Dr. Alan Mills de la Universidad de Leicester, concluyeron que cualquier burbuja de gas de pantano que se encendiera crearía un tenue resplandor a nivel del suelo y duraría poco.

. . .

Este fenómeno no podría explicar los avistamientos de luces brillantes que se elevan en el cielo o siguen una trayectoria de vuelo regular, como los descritos por los observadores durante la Primera Guerra Mundial. Los avistamientos de Dartmoor también se asemejan a las historias de "falsas luces" vistas sobre la costa de Durham durante la década de 1860, que se comportaban de una manera elusiva similar.

Una vez más, estos informes desencadenaron una investigación oficial. ¿Estaban ambos describiendo un fenómeno similar?

Grandes bolas de fuego: Las misteriosas luces flotantes que se vieron sobre Dartmoor durante la Primera Guerra Mundial nunca se explicaron de forma satisfactoria, pero el interés oficial por los informes de este tipo llegó a su fin tras la guerra. Sin embargo, un grupo bastante sorprendente siguió recopilando relatos de luces inusuales en el cielo: los científicos que trabajaban para la Oficina Meteorológica y que trataban de comprender los relámpagos de bola.

Los relámpagos de bola suelen describirse como una esfera incandescente y suelen verse, aunque no siempre, en el cielo durante las tormentas. A diferencia de los relámpagos en forma de horquilla o de lámina, que sólo duran unos segundos, quienes han experimentado un rayo en forma de bola afirman a veces que es visible durante minutos.

Se reconoció por primera vez como un fenómeno distintivo en 1886, pero los relatos que describen bolas de rayos de tamaño y potencia considerables se remontan a muchos siglos atrás. Uno de los relatos históricos más conocidos procede de Widdecombe-in-the-Moor, en Dartmoor. Durante una gran tormenta del 21 de octubre de 1638, una "gran bola de fuego" entró en la iglesia y se dividió en dos. Una de las bolas de fuego escapó por una ventana, mientras que la otra se desvaneció, dejando tras de sí un desagradable olor a azufre y un espeso humo. El edificio quedó parcialmente destruido por la explosión; cuatro feligreses murieron y 60 resultaron heridos.

En 1921, la Oficina de Meteorología, que entonces formaba parte del Ministerio del Aire, recibió un relato espectacular de un rayo de bola visto sobre St John's Wood, en el norte de Londres, durante una fuerte tormenta en la noche del 26 de junio. Una señora que escribió una carta dijo que estaba observando el clima extremo sobre la capital desde su ventana, que daba al sureste.

Sin previo aviso, a las 2 de la madrugada, vio una bola de fuego en el cielo. Su relato decía: "Apareció como una masa incandescente flotando en la atmósfera por debajo de las nubes. Tenía forma de pera, su mayor anchura equivalía a tres lunas y su altura a cuatro o cinco".

No pudo decir a qué distancia estaba la bola de fuego, pero su relato sugiere que debía ser de un tamaño enorme. Esta luz en el cielo fue visible durante al menos dos minutos, ya que tuvo tiempo de ir a la habitación de una amiga y despertarla antes de que desapareciera.

Su relato fascinó a los meteorólogos del Ministerio del Aire, que decidieron iniciar una investigación. A los pocos días se envió un comunicado de prensa a los periódicos nacionales en el que se pedía a cualquier persona que hubiera visto un rayo de bola "y fenómenos relacionados" que se pusiera en contacto con la Oficina de Meteorología. Los resultados de esta investigación se conservan en un archivo extraordinario de los Archivos Nacionales que contiene más de 100 cartas y cuestionarios rellenados por miembros del público que respondieron al llamamiento.

Una de las personas que rellenó un cuestionario fue la Sra. Phillis Coe, de Enfield, Middlesex, que parecía haber visto la misma bola de fuego. Escribió: "... observé en dirección este una masa larga e incandescente que aparentemente flotaba justo debajo de las nubes y que parecía inmóvil. Esta masa parecía dilatarse y contraerse mientras flotaba durante los 10 o 15 minutos que la observé.

El espectáculo era tan extraordinario que desperté a mi marido y le llamé la atención, pero ambos no pudimos explicar el fenómeno y, aunque interrogamos a varias personas después, no pudimos localizar a nadie que lo hubiera visto".

Aunque algunos corresponsales describieron haber visto la bola de fuego sobre Londres el 26 de junio, la Oficina Meteorológica también recibió descripciones de personas que habían visto cosas similares en diferentes momentos.

Y aquí es donde el archivo se vuelve particularmente intrigante. Annie Baker, por ejemplo, de East Southsea, Portsmouth, había leído sobre la "extraña bola de fuego" vista sobre Londres y escribió para contar lo que había visto durante otra tormenta eléctrica en la última semana de julio de 1921.

3

La era de los platillos voladores

A MEDIDA que el mundo salía de la Segunda Guerra Mundial, la idea de que la Tierra pudiera ser observada o visitada por extraterrestres de otro mundo quedó confinada en gran medida al ámbito de la ciencia ficción y la fantasía. Con el inicio de la Guerra Fría, los occidentales no estaban preocupados por la idea de vida en otros mundos, sino por la posibilidad de una futura guerra nuclear con la Unión Soviética. Por ello, las autoridades militares siguieron buscando explicaciones terrestres a los informes sobre extraños objetos voladores en el cielo.

La primera aparición de platillos volantes fue precedida por informes de extraños objetos voladores con forma de cohete procedentes de algunas zonas de Escandinavia durante el verano de 1946.

Según un informe de los servicios de inteligencia británicos que se encuentra en los archivos del Ministerio de Defensa, las noticias de estos avistamientos fueron aprovechadas por la prensa, que empezó a utilizar palabras como "cohetes fantasma" y "bombas fantasma". El informe dice que los primeros avistamientos se produjeron en Suecia: "... y durante algunos meses hubo un número considerable de avistamientos, sobre todo en Suecia, pero algunos también en Noruega, Finlandia y Alemania. Las descripciones dadas eran generalmente de algún tipo de misil sin alas que viajaba a una velocidad muy alta, en forma de cigarro o circular, a veces emitiendo luces brillantes, y ocasionalmente sonido".

El Dr. R. V. Jones, científico y genio de la guerra, que entonces era director de inteligencia del Ministerio del Aire, recordaba que algunos de sus colegas creían que estas bombas volantes podían ser cohetes V-2 modificados capturados por los rusos al final de la guerra. Sin embargo, las agencias de inteligencia occidentales querían saber con seguridad quién había diseñado estos "cohetes fantasma" y cuál podría ser su propósito. Los documentos de los Archivos Nacionales muestran cómo tanto la Oficina de Guerra como el Ministerio del Aire se involucraron rápidamente en negociaciones secretas con el gobierno sueco en un intento de resolver el misterio.

Se enviaron agentes secretos a Escandinavia y se ofrecieron equipos de radar avanzados a los suecos para ayudar a rastrear la trayectoria de vuelo de los cohetes.

Los servicios de inteligencia aérea elaboraron dos documentos detallados que resumían sus investigaciones. El contenido de estos revela un debate interno entre los miembros de la comunidad de inteligencia que creían que los cohetes eran rusos y los que creían que se trataba de un caso de nerviosismo de posguerra. Por ejemplo, un oficial "...pensaba que esta demostración, si era de origen ruso, tendría como objetivo contrarrestar el efecto de los experimentos americanos con la bomba atómica, dando a entender que los rusos también poseen un arma de alto rendimiento".

El primero de estos informes, que circuló ampliamente dentro de la inteligencia occidental durante septiembre de 1946, fue escrito por el Dr. R. V. Jones. Se mostraba escéptico sobre la teoría rusa y comparaba el miedo a los cohetes con otros pánicos sociales de antes de la guerra, como los rumores de que los nazis habían desarrollado un rayo de la muerte. Llegó a la conclusión de que se había visto algo inusual, pero consideró que la mayoría de los "cohetes" eran en realidad descripciones de espectaculares meteoros diurnos.

¿Por qué, preguntó a sus colegas, se arriesgarían los rusos a alertar a Occidente de la existencia de cohetes avanzados disparándolos sobre la Suecia neutral? Desde su punto de vista, sólo el descubrimiento de pruebas físicas podría establecer la verdad. Durante la guerra, los nazis sólo lograron un 90% de fiabilidad en sus ensayos con armas V y Jones argumentaba que, incluso si los soviéticos lograban un 99% de fiabilidad, deberían haberse encontrado restos de al menos un cohete en algún lugar de Escandinavia.

En noviembre de 1946, los escépticos se habían impuesto.

El número de avistamientos disminuyó y un segundo informe de inteligencia aérea concluyó que había muy pocas pruebas de que algún misil hubiera volado o sido disparado sobre Escandinavia. En sus memorias Jones describió el pánico de 1946 como: 'una distracción... que sin duda surgió de la atmósfera general de aprensión que existía en 1945 con respecto a los motivos de los rusos, y que anticipó el 'platillo volante'.

La llegada de los platillos: Al susto del cohete fantasma le siguieron, apenas nueve meses después, los primeros avistamientos de "platillos volantes" sobre Norteamérica. Durante este período intermedio, los operadores de radar en Inglaterra continuaron siendo acosados por inexplicables señales en sus pantallas, similares a las rastreadas durante la Segunda Guerra Mundial.

Un ejemplo fascinante de un incidente sobrevive en los registros oficiales de la Fuerza Aérea en los Archivos Nacionales. Según estos, las estaciones de la RAF fueron puestas en alerta a principios de enero de 1947 después de que aviones no identificados fueran rastreados por los radares británicos de Chain Home en tiempos de guerra.

El incidente más alarmante ocurrió en la noche del 16 de enero cuando un radar de tierra en Trimley Heath, cerca de Felixstowe, rastreó lo que se describió como una "extraña trama" a 38.000 pies, a 50 millas de la costa holandesa durante un ejercicio del Mando de Bombarderos sobre el Mar del Norte. La mancha no identificada parecía descender erráticamente y se calculó que se movía a una velocidad superior a la del sonido.

Cabe señalar aquí que la historia registra el vuelo de Chuck Yeager en el avión cohete experimental Bell XS-I, unos nueve meses después, como la primera vez que se rompió la barrera del sonido.

Un preocupado Comando de Cazas del Cuartel General ordenó inmediatamente que un Mosquito se desviara del ejercicio del Comando de Bombarderos para interceptar al misterioso avión. Se produjo entonces una persecución del gato y el ratón durante unos 40 minutos mientras el Mosquito perseguía al objetivo no identificado hacia la costa de Norfolk. El avión había descendido a 17.000 pies cuando la tripulación del Mosquito comenzó la interceptación. Sin embargo, aunque el propio radar del avión pareció detectar la presencia de algo en al menos dos ocasiones, el piloto fue incapaz de verlo en los cielos oscuros. Sea lo que sea lo que había esa noche, pareció tomar lo que se describió como una "eficiente acción evasiva controlada". Poco después, la tripulación del

Mosquito perdió a su presa y se abandonó la interceptación.

Este sorprendente incidente fue sólo el primero de una serie que continuó durante varias semanas. Se puso en marcha una investigación, denominada "Operación Charlie", que llevó a que algunas (aunque no todas) de las señales detectadas en el radar fueran identificadas a satisfacción del Ministerio del Aire como aviones amigos y globos meteorológicos. En abril se filtraron los detalles al Daily Mail, que publicó la historia en su primera página con el siguiente titular: "Avión fantasma sobre la costa: La RAF lo descubre y no puede atraparlo".

Las historias de los periódicos denominaron a estos inexplicables destellos de radar como "aviones fantasmas" y las especulaciones sobre su origen iban desde contrabandistas hasta aviones espía rusos desarrollados a partir de tecnología nazi capturada.

Documentos de los Archivos Nacionales de Estados Unidos muestran que en agosto de 1947 el Ministerio del Aire envió a las Fuerzas Aéreas del Ejército de Estados Unidos un resumen secreto de los incidentes de la Operación Charlie. Su conclusión era la siguiente:

"No se ha dado ninguna explicación de este incidente ni se ha repetido". Para entonces, sin embargo, la Fuerza Aérea del Ejército de los Estados Unidos (USAAF) había comenzado a recibir una avalancha de avistamientos extraños propios.

OVNIs de Keneth Arnold: Se puede decir que la era de los platillos volantes comenzó realmente poco después de las 15:00 horas del 24 de junio de 1947, cuando Kenneth Arnold, un piloto privado, sobrevoló las montañas Cascade del estado de Washington en su avioneta. Estaba buscando los restos de un avión de transporte cuando su atención fue atraída de repente por "un tremendo destello brillante" hacia el Monte Rainier.

Al escudriñar el cielo, vio un grupo de "nueve aviones de aspecto peculiar" directamente frente a él, a 25-30 millas de distancia y a unos 10.000 pies. Los aviones volaban en formación escalonada, pero se dio cuenta de que tenían una forma muy inusual, "plana como un molde de tarta y un poco en forma de murciélago", con la nave líder volando ligeramente más alto que el resto. Mientras observaba, esta extraña formación brillaba al reflejar el sol y parecía seguir las crestas de las montañas en un peculiar movimiento ondulante.

Al principio, Arnold pensó que los objetos eran gansos de nieve, pero rápidamente se dio cuenta de que volaban demasiado alto y a una velocidad increíble. Al cronometrarlos mientras se movían entre los picos de las montañas distantes, Arnold se asombró al descubrir que viajaban a velocidades inauditas en esa fecha. Finalmente, desaparecieron en dirección al monte Adams, en el sur.

Al aterrizar en el aeródromo de Yakima, Arnold contó su historia y cuando llegó a Pendleton, en Utah, al día siguiente, la noticia había llegado a la prensa y le pidieron que describiera lo que había visto. Arnold fue más tarde enfático al afirmar que no los llamó platillos volantes, pero esa sería la frase que captó la imaginación del mundo.

En 1980, cuatro años antes de su muerte, Arnold fue entrevistado para el programa de la ITV El Mundo Misterioso de Arthur C. Clarke: "Cuando me preguntaron cómo volaban los objetos, dije que "volaban como lo haría un platillo si lo hicieras saltar sobre el agua"... y luego, por supuesto, de repente, los términos disco volador, forma de medialuna y demás se abandonaron por completo y todo el mundo empezó a ver platillos volantes. Y los han estado viendo desde entonces".

Esto fue un regalo para los escritores titulares y antes de que terminara el mes de junio los platillos volantes se habían convertido en una frase familiar en todo el mundo. En Gran Bretaña, por ejemplo, una búsqueda en los registros del Archivo del Proyecto de Observación Masiva revela la siguiente encantadora entrada en el diario de una mujer de Sheffield que escribió el domingo 6 de julio de 1947: "El marido está muy preocupado por los platillos volantes sobre los cielos americanos. Uno de sus temas favoritos. Los periódicos no pueden informar lo suficiente sobre ellos para satisfacerlo. Es como un niño pequeño". Como señaló el historiador Hilary Evans, "mirando hacia atrás a ese día... cuando llegaron los platillos volantes, podemos ver que eran incuestionablemente una idea cuyo tiempo había llegado".

Los periódicos se inundaron rápidamente con historias de otros avistamientos, algunos realizados meses o incluso años antes del informe de Arnold.

. . .

Muchos de ellos describían "discos voladores", pero también había objetos sin alas con forma de torpedo y cigarro que recordaban a los "cohetes fantasma"; otros tenían forma esférica u ovalada, o simplemente eran formas luminosas vistas en el cielo nocturno.

En aquel momento, Arnold ha dicho que supuso que las extrañas aeronaves que vio eran misiles guiados o prototipos de aeronaves secretas, una posibilidad que los medios de comunicación se abalanzaron sobre ella, pero que las autoridades estadounidenses negaron rápidamente.

Esta preocupación por las armas secretas se reflejó en las respuestas a la primera encuesta de opinión sobre el tema de los platillos volantes. Realizada por la organización Gallup y publicada menos de dos meses después del avistamiento de Arnold, la encuesta reveló que la increíble cifra de nueve de cada diez estadounidenses ya había oído hablar de los platillos volantes.

. . .

Gallup descubrió que el 15% de los estadounidenses creía que los platillos podían ser alguna nueva forma de material militar estadounidense, mientras que, en un guiño a las tensiones de la Guerra Fría, otro 1% pensaba que podían ser de origen ruso. Pero mientras que una proporción significativa de los encuestados creía que los platillos podían ser el resultado de una percepción errónea o de un engaño absoluto, una posible explicación brilla por su ausencia: la creencia, que más tarde se generalizaría, de que los platillos volantes podrían ser de origen extraterrestre.

Una última pieza del rompecabezas tuvo que encajar antes de que la génesis de la leyenda de los platillos volantes pudiera completarse. El 8 de julio de 1947, mientras los medios de comunicación seguían con las historias de platillos, llegó un comunicado de prensa de la base de la Fuerza Aérea del Ejército de Roswell, en Nuevo México. Esta parte del suroeste de Estados Unidos era (y sigue siendo) el hogar de algunos de los establecimientos de defensa más secretos de Estados Unidos. Aquí se desarrolló y probó la bomba atómica en gran secreto durante la Segunda Guerra Mundial. Después de la guerra, la investigación secreta continuó con cohetes V-2 alemanes y aviones capturados a las fuerzas del Eje.

. . .

En Roswell se encontraba la 509ª ala de bombarderos de las Fuerzas Aéreas de EE.UU., en aquel momento la única fuerza aérea con equipamiento nuclear del mundo.

El anuncio del jefe de prensa de Roswell, el teniente Walter Haut, decía lo siguiente: 'Los numerosos rumores sobre el disco volador se hicieron realidad ayer cuando la oficina de inteligencia del 509º Grupo de Bombarderos de la Octava Fuerza Aérea, en el Campo Aéreo del Ejército de Roswell, tuvo la suerte de conseguir un disco gracias a la cooperación de uno de los rancheros locales y de la oficina del sheriff del condado de Chaves'.

La declaración decía que el objeto volador parecía haber aterrizado, no haberse estrellado, en un rancho cerca de Roswell una semana antes. Y continuaba: "Al no disponer de instalaciones telefónicas, el ranchero almacenó el disco hasta que pudo ponerse en contacto con la oficina del sheriff, que a su vez notificó al mayor Jesse A. Marcel, de la Oficina de Inteligencia del 509º Grupo de Bombas. Se tomaron medidas inmediatamente y el disco fue recogido en la casa del ranchero. Fue inspeccionado en el Campo Aéreo del Ejército de Roswell y, posteriormente, el comandante Marcel lo prestó al cuartel general superior…"

La noticia de que un "platillo volante" había sido capturado por el ejército estadounidense se extendió como un reguero de pólvora. Al llegar tan pronto después del informe de Kenneth Arnold, sugirió que el misterio podría resolverse muy rápidamente. El entusiasmo inicial se vio casi inmediatamente amortiguado cuando el cuartel general del 8º Ejército en Fort Worth anunció que el "disco volador" había sido identificado como un globo meteorológico y que, por tanto, no tenía nada que ver con platillos volantes. Según el oficial al mando, el brigadier Roger Ramey, cuando los restos fueron examinados por meteorólogos, se descubrió que el "disco" era de "construcción endeble, como una cometa de caja".

Este anuncio acabó con la historia y Roswell desapareció en el olvido durante otras tres décadas. No volvió a ser noticia hasta 1980, cuando un libro, The Roswell Incident , de Charles Berlitz y William Moore, resucitó la historia. Los autores entrevistaron al Mayor Jesse

Marcel, nombrado en el comunicado de prensa original y ahora retirado de la Fuerza Aérea de los Estados Unidos. Acompañado por otros dos oficiales de la USAAF, Marcel había examinado personalmente fragmentos de los restos encontrados en el rancho de Roswell en 1947.

Unos 30 años después, dijo que se trataba de pequeñas vigas que contenían una escritura como jeroglífica y un metal como el papel de aluminio que era extremadamente resistente. Dijo: "Era algo que nunca había visto antes, o desde entonces, para el caso... No sabía lo que era pero ciertamente no era nada construido por nosotros y ciertamente no era ningún globo meteorológico".

El libro también incluía rumores de que se habían recuperado cuerpos de pequeñas criaturas de los restos de este y otros platillos estrellados en remotas regiones desérticas del suroeste de EE.UU., todos los cuales habían sido retirados por los militares en gran secreto. Los autores afirmaban que la verdad -que el gobierno estadounidense había capturado tecnología alienígena- se había ocultado desde entonces. Este relato dio origen a una de las teorías conspirativas más duraderas de los tiempos modernos, el encubrimiento de los ovnis.

. . .

El informe también incluía una declaración del capitán Sheridan Cavitt, que fue uno de los dos hombres que ayudaron al comandante Marcel a recoger los restos del rancho en 1947. Entrevistado en 1994, el testimonio de Cavitt contradijo rotundamente la historia de Marcel.

Dijo que los restos que manipuló se parecían a "palos cuadrados de tipo bambú... que eran muy ligeros, así como a algún tipo de material metálico reflectante", pero insistió en que no poseía ninguna propiedad inusual. El capitán Cavitt recordaba: "el material estaba esparcido por el suelo, pero no había ningún surco o cráter ni ningún otro signo evidente de impacto. Recuerdo que reconocí el material como si fuera un globo meteorológico". Cavitt añadió que no hubo "ningún esfuerzo de secretismo o seguridad reforzada" en torno al incidente y que "nunca volvió a pensar en ello hasta mucho después de retirarme del ejército, cuando empezaron a ponerse en contacto conmigo investigadores de ovnis".

. . .

El informe de la USAF de 1995 decía que el principal foco de preocupación militar de la época "no eran los extraterrestres, hostiles o no, sino la Unión Soviética" y concluía: Los resultados de nuestra investigación no indicaron absolutamente ninguna evidencia de que una nave espacial se estrellara cerca de Roswell o que se recuperaran ocupantes extraterrestres de la misma, en alguna operación militar secreta".

Sea cual sea la verdad, el incidente de Roswell demostró que los platillos volantes seguirían estando inextricablemente ligados a los secretos militares.

En el contexto paranoico de la Guerra Fría de aquella época, el intenso interés oficial por el tema era inevitable.

Signo del proyecto: La Fuerza Aérea de los Estados Unidos (USAF) no se convirtió en una rama separada del ejército hasta el 18 de septiembre de 1947, pero a los cinco días de su formación el teniente general Nathan F. Twining, del Mando de Material Aéreo, había enviado una "opinión secreta sobre los discos voladores" al general de brigada George Schulgen, de la Fuerza Aérea del Ejército.

. . .

Su opinión era clara: "Las características de funcionamiento comunicadas, como las tasas extremas de ascenso, la maniobrabilidad... y el movimiento que debe considerarse evasivo cuando es avistado o contactado por aviones amigos y por el radar, hacen creer en la posibilidad de que algunos de los objetos sean controlados manualmente, automáticamente o a distancia".

Es significativo que no se mencione el incidente de Roswell en el resumen de Twining, que fue desclasificado en 1969.

De hecho, se refiere específicamente a "la falta de pruebas físicas en forma de objetos recuperados del accidente que demostrarían sin lugar a duda la existencia de estos objetos". Si los restos de una nave espacial se hubieran recuperado en Roswell sólo dos meses antes, Twining seguramente lo habría sabido. No obstante, se tomó el tema en serio, concluyendo que "el fenómeno reportado es algo real y no visionario o ficticio" y recomendó que se realizara un estudio detallado.

. . .

Como resultado directo de las preocupaciones de la Fuerza Aérea, el 30 de diciembre de 1947 nació el Proyecto Sign, con el cometido de recoger y analizar los informes sobre platillos volantes. En pocas semanas, el nuevo proyecto tuvo que ocuparse del trágico caso de un joven piloto de la Guardia Nacional del Aire que murió mientras perseguía un extraño objeto circular sobre Kentucky. El capitán Thomas Mantell era el líder de un vuelo de F-51 de la Fuerza Aérea de los Estados Unidos enviado a investigar el OVNI, que voló demasiado alto sin oxígeno, perdió el conocimiento y se estrelló hasta morir.

Los platillos volantes eran ahora un asunto serio y ya no podían ser descartados como una broma.

Tras una investigación se anunció que Mantell -un piloto experimentado- había perseguido en realidad al planeta Venus, que habría sido débilmente visible en el cielo de la tarde.

La forma poco convincente en que se trató este incidente proporcionó munición a los que olían a encubrimiento. La verdad saldría a la luz décadas más tarde, cuando se reveló que el objeto perseguido por Mantell era un globo gigante Skyhook lanzado por la Marina estadounidense desde una base en Minnesota ese mismo día. El proyecto Skyhook, al igual que Mogul, estaba clasificado como secreto en 1948 cuando ocurrieron estos hechos, y las autoridades estadounidenses estaban dispuestas a hacer todo lo posible para ocultar su existencia y su propósito.

A medida que aumentaba el temor a la expansión comunista, era lógico que las autoridades militares concentraran su atención en la posibilidad de que algunos de los avistamientos de platillos inexplicables pudieran ser de origen soviético. Se sabía que los rusos habían capturado científicos alemanes y planos de armas V y prototipos de aviones al final de la guerra.

Durante un breve período, una facción de la comunidad de inteligencia creyó que era posible que estos hubieran sido desarrollados para producir una aeronave en forma de disco que pudiera alcanzar el territorio continental de los Estados Unidos. Cuando quedó claro que ninguna aeronave terrestre podría explicar las increíbles velocidades y maniobras de las que se informaba, hubo que considerar otras explicaciones, y la hipótesis del "arma secreta" fue sustituida por la idea de que los platillos podían ser de origen extraterrestre.

El capitán Edward Ruppelt, que trabajaba para el Proyecto Sign y que, por cierto, ha sido acreditado como el hombre que acuñó el acrónimo OVNI, afirmó haber visto un expediente de alto secreto preparado por el personal del Proyecto Sign en 1948 que concluía que los platillos volantes eran probablemente naves espaciales interplanetarias.

Según Ruppelt, entre los avistamientos inexplicables que figuraban en el dossier estaban los incidentes de la Operación Charlie, investigados por la RAF. El "Estimado de la situación", como se denominó, circuló hasta el Jefe de la Fuerza Aérea, el general Hoyt Vandenberg, quien no quedó convencido y ordenó que se destruyeran todas las copias.

Este hecho marcó un importante cambio en la política de las Fuerzas Aéreas de los Estados Unidos, quizás como resultado directo del creciente interés y preocupación de la CIA. El 16 de diciembre de 1948, el Proyecto Sign renació como Proyecto Grudge, un cambio de nombre que reflejaba un giro de la creencia a la incredulidad. El informe final del proyecto Grudge, completado en diciembre de 1949, fue capaz de explicar todos los informes de OVNIs, excepto un pequeño residuo, y concluyó: El capitán Ruppelt resumió la filosofía de Grudge como "la premisa de que los ovnis no pueden existir. No importa lo que veas y oigas, no lo creas'.

La fiesta de los platillos voladores: Los platillos voladores se consideraron en gran medida un fenómeno estadounidense hasta 1950, cuando los periódicos británicos comenzaron a interesarse por el creciente misterio.

Durante la primavera y el verano de ese año, un gran número de ciudadanos comunes y corrientes avistaron misteriosas luces y objetos que se movían rápidamente en el cielo. La mayoría de estas observaciones se hicieron al anochecer, pero unas pocas ocurrieron durante el día. En abril, una mujer de Chester dijo haber visto "un objeto redondo, como un globo de niño aumentado cien veces, y de color plateado muy brillante" volando contra el viento. Más adelante en el año, muchas personas vieron objetos con forma de disco y de globo en el West Country. En diciembre se interrumpió un partido de rugby en Rhyl cuando cientos de espectadores vieron un "renacuajo volador" surcar el cielo arrastrando chispas.

La fascinación del público siguió creciendo y en el otoño de 1950 dos periódicos dominicales publicaron por entregas los primeros libros sobre el tema de los "platillos volantes". El más influyente fue el titulado "Los platillos volantes son reales", escrito por un comandante retirado del cuerpo de marines de EE.UU., Donald Keyhoe, que parecía tener fuentes muy bien situadas en el gobierno estadounidense. Keyhoe afirmaba que las Fuerzas Aéreas de los Estados Unidos habían llegado a la conclusión privada de que los OVNIs eran de origen interplanetario, pero temía que si esto se admitía se produjera un pánico masivo, similar al que siguió a la emisión radiofónica de La Guerra de los Mundos de Orson Wells en 1938.

Aunque las afirmaciones de Keyhoe nunca fueron confirmadas oficialmente, sus escritos fueron muy populares y tuvieron un amplio impacto en los medios de comunicación y en la opinión pública.

. . .

Sus libros y los de otros que les siguieron llevaron a varias personalidades de la clase militar británica a tratar el tema con seriedad por primera vez.

El Almirante de la Flota, el Conde Mountbatten de Birmania, fue uno de los primeros en recopilar informes sobre avistamientos en 1950. Mountbatten formaba parte de un pequeño grupo de militares influyentes que creían que los platillos eran reales y de origen interplanetario. Animó a su amigo Charles Eade, editor del Sunday Dispatch , a que los publicara sin nombrarle fuente.

En una carta dirigida a Eade el 26 de marzo de 1950, Mountbatten rechazó la idea de que los platillos volantes fueran armas secretas, afirmando audazmente: "Las pruebas disponibles demostrarán que no son de origen humano, es decir, que no proceden de nuestra Tierra.

Si esto es así, es de suponer que deben proceder de algún cuerpo celeste, probablemente un planeta... Tal vez sean los Shackleton o los escoceses de Venus o Marte que están haciendo su primera exploración de nuestra Tierra".

Ese mismo año, en un artículo de primera plana, Eade describió los platillos volantes como "la historia que puede ser más grande que las guerras de las bombas atómicas" y se refirió a su fuente como "uno de los hombres vivos más famosos de la actualidad... que inspira respeto y admiración universal".

Otra figura influyente del establishment que se tomó en serio los informes sobre ovnis fue el científico Sir Henry Tizard. Más conocido por su trabajo en el desarrollo del radar antes de la Segunda Guerra Mundial, su interés por los platillos volantes permaneció en secreto hasta hace poco. Después de la guerra, Tizard se convirtió en asesor científico jefe del Ministerio de Defensa y, tras una serie de avistamientos en el verano de 1950, argumentó que "los informes sobre platillos volantes no deberían descartarse sin una investigación".

Como resultado directo de su influencia, se convenció al gobierno británico de que creara un pequeño grupo de trabajo para investigar el misterio, que informara a la Dirección de Inteligencia Científica/Comité

Conjunto de Inteligencia Técnica (DSI/JTIC), parte del Ministerio de Defensa.

El grupo de trabajo se creó en agosto de 1950. Presidido por G. L. Turney, jefe de inteligencia científica del Almirantazgo, incluía a cinco oficiales de inteligencia, dos de los cuales eran científicos, y los otros tres representaban a las ramas de inteligencia del Ejército, la Marina y la RAF.

Las metas y objetivos del equipo incluían una revisión de lo que se sabía sobre el tema, para enlazar con el Proyecto Grudge de la USAF y "examinar a partir de ahora las pruebas en las que se basan los futuros informes sobre el origen británico de los fenómenos atribuidos a los "platillos volantes".

En junio de 1951, tras 11 meses de investigaciones, el grupo de trabajo elaboró su informe final, DSI/JTIC Report No 7 Unidentified Flying Objects . El contenido seguía la línea del Proyecto Grudge para desacreditar los avistamientos de ovnis y concluía que los platillos volantes no existían. Clasificado como "Secreto/Discreto", el breve informe de seis páginas del equipo echaba agua fría sobre el tema, sosteniendo que todos los avistamientos de OVNIS podían explicarse como identificaciones erróneas de objetos ordinarios o fenómenos naturales, ilusiones ópticas, delirios psicológicos y bromas.

De las posibilidades examinadas por el Grupo de Trabajo sobre Platillos Volantes, la idea de que los OVNIs eran naves espaciales pilotadas por visitantes interplanetarios fue rechazada: "Cuando el único material disponible es una masa de evidencia puramente subjetiva, es imposible dar algo parecido a una prueba científica de que los fenómenos observados son, o no, causados por algo totalmente nuevo, como aviones de origen extraterrestre, desarrollados por seres desconocidos para nosotros en líneas más avanzadas que cualquier cosa que hayamos pensado".

El equipo británico se mostró convencido de que la mayoría de los avistamientos no requerían una hipótesis tan elaborada para explicarlos y "podían explicarse de forma mucho más sencilla". Al adoptar este enfoque, el equipo recurrió a lo que describió como "un principio científico muy antiguo que suele atribuirse a Guillermo de Occam". La navaja de Occam afirma que la hipótesis más probable es la más sencilla necesaria para explicar un problema científico como el que presenta el misterio de los ovnis. En conclusión, el informe decía: En consecuencia, recomendamos encarecidamente que no se lleven a cabo más investigaciones sobre los fenómenos aéreos misteriosos de los que se ha informado, a menos que se disponga de alguna prueba material".

Un alto funcionario de la Oficina de Inteligencia Científica de la CIA, el Dr. Harris Marshall Chadwell, estuvo presente en la reunión de junio de 1951 cuando se entregó el informe al Ministerio de Defensa. La CIA había seguido de cerca las investigaciones de las Fuerzas Aéreas de los Estados Unidos desde 1948 y estaba preocupada por la creciente fascinación del público por el tema. En consecuencia, existía un nivel de paranoia oficial respecto a las noticias sobre el interés de los servicios de inteligencia en los ovnis que se filtraban a los medios de comunicación. El equipo británico fue informado por la CIA de que "para evitar la estimulación indebida de un tema que ya ha recibido demasiado interés público y profesional", la circulación del informe británico debía restringirse dentro del Ministerio de Defensa y la CIA.

· · ·

La propia existencia del informe del Ministerio de Defensa fue un secreto muy bien guardado durante 50 años, hasta que descubrí una referencia a la existencia del Grupo de Trabajo en las actas de una reunión que estaban escondidas entre los documentos publicados por los Archivos Nacionales en 1998. Una copia (ahora desclasificada) fue descubierta en los archivos del Ministerio de Defensa en 2001 y publicada por los Archivos Nacionales al año siguiente.

Se adjuntaba una carta de presentación del jefe de la Dirección de Inteligencia Científica, Bertie Blount, dirigida a Sir Henry Tizard, que decía: "Este es el informe sobre los "platillos volantes" que usted pidió. Espero que sirva para su propósito".

Platillos volantes sobre Farnborough: Este críptico comentario, y la influencia de la CIA en las conclusiones del informe, podrían dar a entender que detrás de las conclusiones del Grupo de Trabajo sobre Platillos Volantes se escondía una agenda oculta, y esta es la opinión de uno de los testigos de ovnis cuya increíble historia aparece en el informe. En 1950, Stan Hubbard era un experimentado piloto de pruebas con base en el Royal Aircraft Establishment de Farnborough, sede de uno de los eventos anuales más importantes de la industria aeronáutica, el espectáculo aéreo de septiembre.

En la mañana del 15 de agosto de 1950, un día de verano seco y despejado, el teniente de vuelo Hubbard caminaba por la pista del aeródromo en dirección a sus dependencias. Más tarde recordó que su atención fue atraída por lo que describió como "un extraño zumbido lejano".

Tuve la oportunidad de entrevistarlo en 2002 y recordó entonces cómo, al volverse para investigar, vio en dirección a Basingstoke un objeto que parecía "por todo el mundo como la vista del borde de un disco, el tipo de disco que solíamos lanzar en el día de los deportes en la escuela... y se balanceaba de lado a lado muy ligeramente... pero manteniendo una aproximación muy recta. Eso fue algo que se ha quedado en mi mente muy claramente, vívidamente, hasta el día de hoy".

A medida que se acercaba al aeródromo, el sonido que emanaba del objeto aumentaba en intensidad hasta convertirse en "un zumbido fuerte y dominante con un crepitar-silbido asociado... que me recordaba mucho al ruido dentro de una gran central eléctrica activa". Continuó: "Era de un color gris claro, un poco como el nácar, pero borroso. Evidentemente, reflejaba la luz, porque cuando se balanceaba parecía la tapa de una sartén al girarla, con segmentos de luz que giraban. Y pude ver que alrededor del borde cuando se fue por encima, era un color diferente, tenía un borde definido. Y todo el borde era una masa de pequeñas luces crepitantes y chispeantes.

Y asociado con eso, hubo un impacto real de un olor a ozono muy fuerte.

No había ventanas ni ojos de buey ni ninguna otra característica. No tenía ningún rasgo, y lo más notable era que no había ningún sonido de movimiento de aire... mientras el objeto se acercaba y luego pasaba por encima, traté de estimar su tamaño, altitud y velocidad, pero con la ausencia de cualquier rasgo fácilmente identificable era difícil medir estos factores con alguna confianza... Adiviné que su altura sobre el suelo cuando fue visto por primera vez estaba probablemente entre 700 y 1000 [pies] y como ciertamente parecía mantener la altitud durante el período de mi observación, adiviné que tendría que tener unos 100 pies de diámetro. Debe haber estado viajando muy rápido, tal vez tan alto como 500 a 900 mph".

Hubbard informó inmediatamente de este avistamiento a su oficial al mando y poco después fue interrogado por los miembros del Grupo de Trabajo sobre Platillos Volantes. Recuerda que las preguntas incluían: "¿Qué altura tenía?"

"¿Qué tamaño tenía?" "¿Qué velocidad tenía?" "¿Qué era?" Y una pregunta que creo que refleja el tenor de la entrevista fue: "'¿Qué supone que era el objeto y de dónde habría salido?". Respondí simplemente que, en mi opinión, no era algo que hubiera sido diseñado y construido en esta Tierra. Evidentemente, por el efecto que tuvo en el equipo, fue una respuesta equivocada'.

La visita del grupo de trabajo a Farnborough no sería la última. En la tarde del 5 de septiembre de 1950, apenas dos semanas después de la primera observación de Hubbard, éste volvió a ver lo que cree que era el mismo objeto. En esta ocasión se encontraba con otros cinco aviadores de la RAF en la torre de vigilancia esperando una exhibición del Hawker P.1081 cuando vio el objeto en el cielo al sur del aeródromo, en dirección a Guildford.

. . .

Me agarré al tipo que estaba a mi lado", recuerda, "y le dije: "Oye, ¿qué crees que es eso?" Señalando... y él gritó "¡Dios mío! Ve a por una cámara rápido, ve a por unos prismáticos".

Hubbard y sus colegas observaron entonces una increíble actuación acrobática de lo que el informe oficial describe como "un disco plano, de color perla claro [y] del tamaño de un botón de camisa". Hubbard lo describió como: "revoloteando, como si estuviera al borde de la inestabilidad, en un modo flotante, el objeto se abalanzaba en un ligero picado a una velocidad increíblemente alta y en un vuelo bastante estable, luego se detenía abruptamente y pasaba a otro modo flotante. Esta actuación se repitió muchas veces... y parecía que todo esto tenía lugar a unas ocho o diez millas al sur de nosotros sobre la zona de Farnham".

El OVNI estuvo bajo observación durante unos 10 minutos, durante los cuales la pequeña multitud había aumentado a más de una docena de personal de la RAF.

. . .

Estaban asombrados", recuerda Hubbard, "¡pero ninguno de ellos tenía una cámara! Recuerdo que uno de ellos dijo: "Lo siento Stan, no me creí esas primeras historias".

Eso me alegró el día". En menos de 24 horas todos fueron interrogados por el Grupo de Trabajo sobre Platillos Volantes. No se nos dieron sus nombres y se nos advirtió estrictamente que no hiciéramos preguntas a ellos, ni hiciéramos averiguaciones en otras partes del Ministerio', dijo Hubbard. También se nos advirtió que no habláramos del tema más tarde, ni siquiera entre nosotros en privado".

A pesar de sus recelos, Hubbard creyó en la garantía dada por el miembro del equipo del Ministerio del Aire de que "nunca había tenido un avistamiento más fiable y auténtico que el nuestro". Desconocía el resultado de esta investigación hasta que le envié una copia del informe final del grupo de trabajo tras su publicación en 2001.

En su resumen del avistamiento inicial de Hubbard, el informe decía que no había duda de que el experimentado piloto de pruebas había descrito honestamente lo que había visto: "pero nos parece imposible creer que un avión muy poco convencional, de velocidad excepcional, pudiera haber viajado a una gran altitud, en medio de una bonita mañana de verano, sobre un distrito populoso y de mentalidad aérea como Farnborough, sin atraer la atención de más de un observador".

En consecuencia, concluyeron que fue "víctima de una ilusión óptica, o que observó un tipo de avión bastante normal y se engañó sobre su forma y velocidad". A continuación, el informe se centró en el segundo incidente, que describieron como "un ejemplo interesante de cómo un informe influye en otro".

Aunque Hubbard creía que los objetos que vio en ambas ocasiones eran idénticos, los autores consideraron que esta opinión tenía poco valor. Aunque no tenían ninguna duda de que se había visto un objeto volador de algún tipo: "de nuevo nos parece imposible creer que un avión no convencional, maniobrando durante algún tiempo sobre una zona poblada, no haya podido atraer la atención de otros observadores.

. . .

Llegamos a la conclusión de que los oficiales vieron, de hecho, una aeronave bastante normal, maniobrando a una distancia visual extrema, y fueron inducidos por el informe anterior a creer que se trataba de algo anormal".

El grupo de trabajo estaba convencido de que esta solución era correcta debido a otro ejemplo de percepción errónea que les comunicó el miembro del Ministerio del Aire de su equipo, el comandante de ala Myles Formby.

Mientras estaba en un campo de tiro cerca de Portsmouth, vio lo que al principio pensó que era un "platillo volante" en la distancia. La visibilidad era buena, ya que el cielo estaba despejado y el sol era brillante. El objeto fue localizado y sostenido por un telescopio y dio la apariencia de ser un disco circular brillante que se movía en una trayectoria de vuelo regular. Sólo después de que se mantuviera la observación durante varios minutos, y de que la altitud del objeto cambiara de modo que no reflejara la luz del sol a los ojos del observador, se identificó que se trataba de un avión perfectamente normal.

4

OVNIs de la Guerra Fría

ANTES DE 1950 los platillos volantes se consideraban un fenómeno americano, pero en sólo cuatro años la gente de Gran Bretaña los veía y creía en ellos. En esta primera etapa, los avistamientos británicos carecían de un poco de dramatismo en comparación con los que se reportaban en América. Aun así, hubo algunos relatos fascinantes de testigos oculares, como este incidente relatado por el teniente de vuelo James Salandin, que era un piloto que volaba con la fuerza aérea auxiliar de la RAF:

El 10 de octubre de 1954 despegué de North Weald en un vuelo de rutina normal en un avión Meteor 8. Mientras subía noté una serie de estelas en la zona de Chatham/Gillingham a las 12 horas... Cuando a los 15.000 pies vi lo que en ese momento supuse que eran dos aviones que volaban en rumbo recíproco a mí pero a babor...

No pude identificar estos dos objetos como aviones y no pude seguirlos debido a la fantástica velocidad a la que viajaban. El primero parecía ser de color dorado y el segundo plateado, volando en lo que parecía ser una formación de batalla suelta. Al volver a mirar al frente, vi que venía directamente hacia mí a la misma altura un objeto esférico plateado con un bollo en la parte superior y en la inferior. Cuando a lo que debo imaginar que eran sólo unos cientos de metros de distancia se dirigió hacia mi lado de babor... también viajando a una velocidad de nudos tremenda. El incidente me sacudió por completo y tardé cinco o diez minutos en recomponerme. Si no hubiera estado tan conmocionado, probablemente habría podido filmar de frente el tercer objeto..."

Los pilotos no fueron los únicos que vieron platillos volantes. El 15 de febrero del mismo año, un escolar de 13 años tomó una fotografía de un OVNI que vio sobrevolando la montaña Old Men of Coniston, en Cumbria. Aquella mañana temprano, Stephen Darbishire estaba paseando por los montes bajos con su primo de 8 años, Adrian Meyer, "cuando Adrian gritó de repente "¡Mira! ¿Qué es eso?" y señaló al cielo sobre

Dow Crag". Los dos niños vieron entonces un objeto "que brillaba como el aluminio a la luz del sol" y que se acercaba a ellos.

Stephen dijo: "Se podía distinguir su silueta muy claramente y ver los agujeros a lo largo de la parte superior, y una cosa que parecía una escotilla en la parte superior... Tomé la primera foto cuando se movía muy lentamente a unos trescientos o cuatrocientos metros de distancia y luego desapareció de mi vista...

Cuando volvió a estar a la vista tomé otra foto, pero de repente subió al cielo con un gran movimiento".

Mientras tanto, en Estados Unidos, la CIA comenzó a interesarse por las investigaciones del Proyecto Libro Azul. La Fuerza Aérea de los Estados Unidos informó a la agencia de que alrededor del 90% de los avistamientos de los que se informaba podían ser explicados. Sin embargo, el Dr. Harris Marshal Chadwell, de la CIA, seguía preocupado porque un pequeño residuo de avistamientos, los que describió como "informes increíbles de observadores creíbles", no podían ser ignorados. Temían que un pánico a los OVNIs provocado por los rusos pudiera sobrecargar el sistema de defensa aérea de los Estados Unidos con tantos informes falsos que no fuera capaz de distinguir las aeronaves reales de lo que él llamaba "fantasmas".

El director de la CIA, Walter Bedell Smith, consideró que "aunque sólo hubiera una posibilidad entre 10.000 de que el fenómeno supusiera una amenaza para la seguridad del país... ni siquiera esa posibilidad podía aprovecharse". En consecuencia, en enero de 1953 la CIA convocó en Washington a un grupo de científicos no militares, presidido por el físico Dr. Bob Robertson, para estudiar los casos más impresionantes de los que se había informado hasta la fecha. El Dr. Robertson, del Instituto Tecnológico de California, fue una elección interesante como presidente. Ocho años antes había participado en una investigación sobre el misterio del "foo-fighter" mientras servía como oficial de inteligencia científica en Europa durante la Segunda Guerra Mundial.

Otros miembros del panel fueron el Premio Nobel y especialista en radares Dr. Luis Álvarez, el físico nuclear Dr. Samuel Goudsmit y el Dr. Lloyd Berkner de los Laboratorios Nacionales de Brookhaven.

Durante cuatro días, este equipo examinó dos películas que mostraban ovnis y revisó una serie de casos presentados por el personal del Proyecto Libro Azul.

No quedaron convencidos de que ninguno de los incidentes analizados pudiera explicarse mediante la aplicación de los conocimientos científicos existentes.

El grupo de expertos no pudo encontrar ninguna prueba de que los avistamientos fueran observaciones de naves espaciales extraterrestres o que supusieran una amenaza para la defensa nacional. Sus conclusiones subrayaron el deseo de la CIA de controlar la divulgación de información sobre incidentes inexplicables.

También reconocieron el peligro que suponían las "falsas alarmas" de ovnis que obstruían los canales de comunicación militar en periodos de tensión y que podían llevar a las autoridades a "ignorar indicios reales de acción hostil... y el cultivo de una psicología nacional morbosa en la que una hábil propaganda hostil podía inducir un comportamiento histérico y una desconfianza perjudicial hacia la autoridad debidamente constituida".

. . .

Este lenguaje paranoico era típico de la era McCarthy, que se reflejó en la recomendación del panel de que las agencias federales "tomarán medidas inmediatas para despojar a los Objetos Voladores No Identificados del estatus especial que se les ha dado y del aura de misterio que desafortunadamente han adquirido".

El grupo de expertos barajó la idea de llevar a cabo elaboradas campañas de educación pública para desacreditar a los OVNIs, hasta el punto de recurrir a los recursos de la compañía Walt Disney para lanzar un mensaje anti-OVNIs al público. Ninguna de estas sugerencias parece haberse llevado a cabo, pero se intentó, tanto en Estados Unidos como en Gran Bretaña, restringir la publicación de información sobre avistamientos comunicados por personal militar a menos que pudieran explicarse adecuadamente.

OVNIs en el parlamento: Más tarde, en 1953, los intentos del Ministerio del Aire británico de controlar la difusión de información sobre los avistamientos de ovnis comunicados por el personal de la RAF recibieron un duro golpe.

. . .

En la mañana del 3 de noviembre, un caza nocturno Vampire de la RAF de West Malling, en Kent, realizaba un ejercicio de rutina a 20.000 pies de altura sobre el estuario del Támesis cuando la tripulación divisó un objeto muy brillante en línea recta a una altitud mucho mayor. El OVNI estaba inmóvil cuando fue visto por primera vez y tenía forma de rosquilla con "una luz brillante alrededor de la periferia".

Mientras lo observaban, desapareció en dirección sureste.

Su historia se filtró al Daily Express, que descubrió que más tarde, ese mismo día, una unidad del Ejército Territorial había rastreado "un eco muy grande" en su radar moviéndose a 60.000 pies sobre Londres. A través de un telescopio, un sargento declaró haber visto "un objeto circular o esférico" en lo alto del cielo.

Esta historia causó sensación cuando apareció en la portada del Daily Express bajo el título "Misterio a 60.000 pies". Se formularon preguntas en los Comunes y el 24 de noviembre el Secretario de Estado del Aire, Nigel Birch, aseguró a los diputados que no había "nada extraño en ninguno de los dos sucesos".

. . .

Birch explicó que el objeto visto en el radar sobre Londres había sido rastreado hasta los globos lanzados por la estación de la Oficina Meteorológica en Crawley. Estaban equipados con "un dispositivo especial para producir en la pantalla del radar un eco tan grande como el de un avión".

Las risas estallaron cuando un diputado preguntó si el ministro estaba de acuerdo en que "esta historia de los platillos volantes es todo globo".

Los archivos del Ministerio del Aire muestran que se enviaron órdenes a todas las estaciones de la RAF a raíz de la inoportuna publicidad que siguió al incidente de West Malling, advirtiendo que en el futuro todos los informes sobre ovnis "se clasificarán como "restringidos" y se advierte al personal que no comunique a nadie que no sea personal oficial ninguna información sobre los fenómenos que haya observado, a menos que esté oficialmente autorizado a hacerlo". La orden de la RAF del 16 de diciembre de 1953 decía que los informes debían enviarse a la rama de inteligencia aérea DDI (Tech), que ahora era responsable de la investigación de todos los informes sobre ovnis. Decía que "el público concede más credibilidad a los informes del personal de la RAF que a los de los miembros del público... es esencial que la información sea examinada en el Ministerio del Aire y que su difusión sea controlada oficialmente".

Esta decisión supuso el primer intento coordinado de definir y codificar los avistamientos comunicados al Ministerio del Aire. En enero de 1953, poco después de que se reuniera el panel Robertson (ver p. 24), el Mando de Cazas de la RAF emitió las primeras directrices de información sobre "objetivos inusuales" detectados por las estaciones de radar.

Éstas requerían que se hicieran informes especiales sobre cualquier objetivo "que se moviera a una velocidad superior a los 700 nudos a cualquier altura y a cualquier velocidad por encima de los 60.000 pies... Cuando se vea una respuesta inusual, el supervisor... debe ser informado y entonces debe comprobar que el eco no es espurio, y disponer que se hagan los registros necesarios". 6 Estas instrucciones se actualizaron tras el incidente de West Freugh (véase el capítulo 2), cuando se advirtió al personal de la RAF: "nunca se debe dar a la prensa información sobre avistamientos inusuales por radar... las revelaciones no autorizadas de este tipo se considerarán delitos según la Ley de Secretos Oficiales".

Más tarde, ese mismo año, se elaboró el primer formulario de informe sobre ovnis del Ministerio del Aire, basado en una plantilla de preguntas utilizada por el personal del Proyecto Libro Azul. El formulario enumeraba los hechos clave en 10 categorías que incluían la fecha/hora y el lugar, el nombre y la dirección del testigo, la altura, la velocidad, la forma, el tamaño y el color del fenómeno observado y la clasificación del avistamiento como explicado o inexplicado. Hasta hace poco, el Ministerio de Defensa seguía utilizando versiones modificadas de este formulario, con categorías de información enumeradas con números alfabéticos.

A partir de 1954, la nueva unidad OVNI del Ministerio del Aire elaboró un informe anual que "resumía todos los avistamientos de OVNIs por tipos". Un análisis de 80 informes recibidos hasta finales de 1954 constituyó la base de un artículo en una publicación clasificada conocida como Resumen de Inteligencia Secreta del Ministerio del Aire (AMSIS) durante marzo de 1955. Este resumen, basado en un informe de inteligencia aérea más extenso que ahora se ha perdido, fue clasificado como "secreto - sólo para los ojos del Reino Unido". Su existencia fue revelada en mayo de 1955 cuando el diputado conservador Major Patrick Wall preguntó al Secretario de Estado del Aire, en una pregunta parlamentaria, si publicaría el "informe sobre platillos volantes recientemente completado por el Ministerio del Aire". Wall se había enterado del informe por un informante del Ministerio que le dijo, a través de una tercera persona: "de hecho, hay dos informes; el primero es un informe completo que tiene unas 10.000 palabras. Incluye una serie de cosas que las autoridades considerarían sin duda secretas".

En su respuesta en los Comunes, el ministro del Aire, George Ward, evitó responder directamente a la pregunta de Wall.

En su lugar, hizo una declaración formal que decía: "los informes sobre "platillos volantes", así como cualquier otro objeto anormal en el cielo, se investigan a medida que llegan, pero no ha habido ninguna investigación formal. Se ha comprobado que alrededor del 90% de los informes se refieren a meteoritos, globos, bengalas y muchos otros objetos. El hecho de que el

10% restante no tenga explicación no debe atribuirse a nada más siniestro que la falta de datos". Un estudio más detallado de 3.200 avistamientos reportados entre 1952-54, realizado por el Battelle Memorial Institute en nombre de la USAF, encontró que el 69% podía ser identificado y el 9% tenía "información insuficiente" para llegar a una conclusión. Esto dejaba al 22% en la categoría de "no identificados", más del doble del número que el Ministerio del Aire británico no pudo explicar.

Aunque el comandante Wall no era consciente de ello en ese momento, la declaración de George Ward evidenciaba un importante cambio de opinión por parte del Gobierno británico. El informe del Grupo de Trabajo sobre Platillos Volantes de 1951 había concluido, en secreto, que todos los informes sobre OVNIs podían ser explicados. Después de cuatro años de investigaciones adicionales, el Ministerio del Aire admitió que el 10% de los informes de OVNIs no podían ser explicados, incluso después de la investigación.

La razón de su continuo interés por los OVNIs también fue revelada por el informe de la AMSIS, que decía que "siempre existe la posibilidad de observar aeronaves extranjeras de diseño revolucionario", pero

"... en cuanto a las manifestaciones controladas del espacio exterior, no hay pruebas tangibles de su existencia".

Los aviones que vienen del frío: Cuando las frías relaciones entre Oriente y Occidente se enfriaron aún más durante la década de 1950, ambas partes invirtieron dinero en tecnología militar. Los gobiernos británico y canadiense coquetearon con una serie de diseños de aviones poco ortodoxos que se inspiraron en la moda de los platillos volantes. El más famoso fue un avión con forma de platillo, cuyo nombre en clave era Proyecto Y, diseñado por el ingeniero británico John Frost para A. V. Roe en Canadá.

La empresa hizo afirmaciones extravagantes para atraer la inversión del gobierno en el proyecto, como el despegue vertical y una gran velocidad supersónica. Unas fotografías tomadas en un hangar cerca de Toronto en 1953 muestran un avión elegante con forma de delta que se asienta sobre su cola como un cohete.

. . .

Se construyó un prototipo, pero el gobierno británico no quedó impresionado y el proyecto pasó a manos de las Fuerzas Aéreas de Estados Unidos al año siguiente. La versión estadounidense volvió a la forma clásica de platillo, pero los dos prototipos de "Avro-cars" producidos tuvieron un mal rendimiento en las pruebas y el proyecto se canceló en 1961.

Al mismo tiempo, tanto Estados Unidos como la Unión Soviética se vieron envueltos en un juego de espionaje con el peligro siempre presente de una confrontación nuclear.

Desde mediados de la década de 1950, la CIA comenzó a invertir en aviones de alta tecnología capaces de realizar misiones encubiertas de largo alcance para espiar instalaciones militares y nucleares en lo más profundo del territorio enemigo. Uno de los resultados fue el programa secreto Skyhook. Los Skyhooks eran globos construidos con plásticos especiales con diámetros de más de 200 pies y una capacidad de gas que duplicaba la del dirigible Hindenburg. Desde finales de la década de 1940 se lanzaron miles de ellos desde la base de la Fuerza Aérea de Alamogordo, ahora Holloman AFB, cerca del campo de tiro de misiles de White Sands en Nuevo México.

Esta era la base cuyos trenes de globos Mogul se habían relacionado con el accidente de un "platillo volante" cerca de Roswell en 1947.

Al igual que Mogul, no se trataba de globos meteorológicos ordinarios. Su objetivo real era viajar por la corriente en chorro hasta la Unión Soviética, donde sofisticadas cargas útiles de cámaras suspendidas en una góndola debajo de los globos tomaban fotografías de instalaciones militares sensibles en tierra. Tras sobrevolar el territorio soviético, su carga útil caía en el océano, donde las radiobalizas guiaban a los aviones estadounidenses para que las recogieran.

Uno de los incidentes OVNI más dramáticos de Estados Unidos, cuando el piloto de la Fuerza Aérea de Estados Unidos, el capitán Thomas Mantell, se estrelló hasta la muerte mientras perseguía un "platillo volante", se reveló más tarde que estaba relacionado con un Skyhook lanzado por la Marina de Estados Unidos en 1948. Los Skyhooks también pueden estar detrás de una serie de avistamientos británicos, incluyendo el incidente de la RAF West Malling de 1953.

Una historia desclasificada de las operaciones con globos producida por el Centro de Desarrollo de Misiles de la USAF en 1958 revela que el globo número 175, lanzado desde Holloman, Nuevo México, el 27 de octubre de 1953, no cayó en el Atlántico al final de un vuelo programado de 12 horas. Seis días más tarde, este globo, que sobrevolaba Kent a gran altura, fue avistado por la tripulación de la RAF y suscitó preguntas sobre los "platillos volantes" en el Parlamento.

Un antiguo miembro del personal del proyecto Skyhook, Duke Gildenberg, reveló en 2004 que los servicios de inteligencia británicos llegaron a la conclusión de que este OVNI era el globo Skyhook, pero no podían revelar la verdad porque el proyecto estaba clasificado como alto secreto en ese momento. Cuando el Secretario de Estado del Aire, Nigel Birch, fue interrogado en el Parlamento, su explicación se limitó a reflejar la línea oficial de los globos meteorológicos, que no revelaba ningún secreto militar.

. . .

El hecho de que los vuelos de Skyhook desencadenaran ocasionalmente el pánico de los OVNIs mientras surcaban la estratosfera fue un subproducto inesperado, aunque no inoportuno (véase el panel de abajo).

Al atardecer y al amanecer, los enormes globos reflejaban la luz del sol y aparecían como los clásicos "platillos volantes" plateados para los observadores de abajo.

Gildenberg dijo que el personal de Skyhook a menudo controlaba los vuelos de larga distancia de Skyhook siguiendo los informes de "platillos volantes" publicados en los periódicos de todo el mundo. A partir de 1951 se abrieron nuevas bases en Escocia, desde donde la Fuerza Aérea de los Estados Unidos planeaba soltar hasta 3.500 de los globos gigantes. El proyecto fue finalmente desechado en 1956 tras lograr un éxito limitado. En total se lanzaron 461 globos, de los cuales sólo la mitad penetró en el espacio aéreo ruso, y de ellos sólo 42 góndolas se recuperaron intactas.

A partir de la década de 1950, un equipo dirigido por el profesor Frank Powell lanzó un gran número de globos gigantes de plástico como parte de la investigación de la Universidad de Bristol sobre los rayos cósmicos. Algunos de los globos tenían entre 300 y 400 pies de diámetro. Se inflaron con hidrógeno y se soltaron desde la RAF Cardington en Bedfordshire, sede del dirigible, para aprovechar los vientos ligeros del verano.

Los globos se elevaban a la atmósfera superior transportando cargas útiles de placas fotográficas que podían llegar a pesar una tonelada. El polietileno con el que se fabricaban los globos era translúcido y, aunque eran casi esféricos al soltarse, parecían una "pera invertida" cuando se elevaban hacia el cielo. Al alcanzar los 100.000 pies, reflejaban la luz del sol y podían verse a cientos de kilómetros. Los globos liberados desde Cardington solían seguir los vientos dominantes y un equipo de la universidad estaba alerta para recuperar las cargas útiles de Irlanda, Francia y otros lugares lejanos.

En ocasiones, estos globos de rayos cósmicos fueron responsables de sustos de "platillos volantes". Cuando "un objeto brillante" apareció sobre el centro de Londres en julio de 1954, los periódicos y el Ministerio del Aire se vieron inundados de llamadas telefónicas de personas que decían haber visto un platillo volante. Un fotógrafo de prensa persiguió el objeto en un avión e informó de que era "tan grande como una casa".

El "platillo" acabó aterrizando en un campo cerca de Reading, donde fue recuperado por el equipo del profesor Powell.

Los archivos del proyecto muestran cómo, durante los años de la posguerra, el Ministerio del Aire colaboró estrechamente con el equipo de Powell en sus investigaciones sobre los avistamientos de ovnis. El profesor Powell dijo a un periodista: "cada día que enviamos uno de estos globos habrá al menos una docena de informes. Este es el verdadero secreto de los platillos volantes, si la gente lo creyera". Al mismo tiempo, la Fuerza Aérea de los Estados Unidos y la RAF también estaban lanzando en secreto cientos de globos espía Skyhook equipados con cámaras para obtener imágenes de las instalaciones nucleares soviéticas. Uno de estos gigantescos globos podría dar cuenta de un OVNI perseguido por uno de los pilotos de pruebas más experimentados de Gran Bretaña.

. . .

El capitán Eric "Winkle" Brown es el piloto más condecorado del Fleet Air Arm y tiene el récord mundial de aterrizajes en portaaviones. Participó en numerosas acciones durante la Segunda Guerra Mundial y, después de 1945, se unió a un grupo de élite de pilotos aliados que realizaban vuelos de prueba con aviones alemanes capturados. En 1956, mientras era comandante de la estación del Real Servicio Aéreo Naval en Brawdy, al oeste de Gales, se encontró persiguiendo un "platillo volante".

"Decidí que era lo suficientemente interesante como para ir a echarle un vistazo y salté en un Vampire", escribió Brown en sus memorias. Subió hasta los 35.000 pies en la penumbra, sin perder de vista el objeto que "seguía por encima de mí y no era identificable en la luz que se desvanecía". Aunque la visibilidad era buena, Brown acabó abandonando la persecución y regresó a Brawdy. Más tarde, esa misma noche, llegaron a las redacciones de los periódicos más informes de observadores desconcertados del sur de Gales y de la región del canal de Bristol. Una de las llamadas telefónicas que recibió Brown procedía de un astrónomo aficionado que tomó una fotografía del OVNI y estaba convencido de que no era un globo.

. . .

En 2011 el capitán Brown me dijo que esta conversación le llevó a rechazar la teoría del globo de investigación cósmica "que era lo único tangible que pensaba que podía ser". En su libro escribió que 'donde antes me burlaba, ahora tengo la mente abierta'. Hoy en día, Brown sigue con la mente abierta pero está menos seguro de su conclusión publicada en Wings on My Sleeve . Según él, la verdad puede encontrarse en la anotación de su cuaderno de vuelo, completada al aterrizar en RNAS Brawdy, que dice:

"¡Persecución de un platillo volante! Objeto metálico no identificado en el cielo, avistado desde tierra.

Persecución desconcertante de una forma iridiscente a gran altura, que probablemente era un globo de investigación cósmica".

Un avión de vuelo alto no identificado: Cuando el programa de globos Skyhook no dio resultados satisfactorios, la CIA comenzó a probar su avión espía de gran altitud U-2, desarrollado a partir de 1955 en las "Skunk Works" de Lockheed en Burbank, California. El avión podía volar a una altitud de 60.000 pies para evitar los radares soviéticos, muy por encima de las capacidades de la mayoría de los aviones civiles de la época. Los primeros U-2 eran plateados, tendían a reflejar la luz del sol y a menudo aparecían como "objetos ardientes" para las tripulaciones de los aviones de pasajeros y militares enviados a interceptarlos.

Según la CIA, su personal pudo atribuir más de la mitad de todos los informes sobre OVNIs realizados al Proyecto Libro Azul desde finales de la década de 1950 hasta la década de 1960 a vuelos de aviones de reconocimiento avanzados como el U-2 y el SR-71 Blackbird sobre el territorio continental de Estados Unidos.

Dado que las Fuerzas Aéreas de los Estados Unidos recibieron miles de informes sobre ovnis durante este período, muchos de los cuales tenían otras explicaciones, esta estimación parece excesiva. Sin embargo, el libro de registro de operaciones del Escuadrón 43, con base en la RAF de Nicosia (Chipre), registra tres ocasiones en julio de 1958 en las que las tripulaciones de los cazas intentaron interceptar "un avión no identificado que volaba a gran altura, [a una altura estimada] de 65.000 pies" sobre el Mediterráneo y por encima de la propia capacidad de la RAF. Las tripulaciones supusieron que este avión, que tenía "un fuselaje corto y rechoncho con alas de muy alta relación de aspecto" era el U-2, pero la RAF no pudo confirmar esta identificación ya que el proyecto era altamente clasificado en ese momento.

Las misiones de los aviones espía se realizaban en silencio por radio, sin notificar ni siquiera a los países amigos en su ruta de vuelo ni a las propias defensas aéreas de la Fuerza Aérea de los Estados Unidos.

Como resultado, los vuelos del U-2 y del SR-71 a menudo activaban los sistemas de alerta temprana en el Reino Unido y a lo largo de la frontera soviética con Alemania.

Algunos investigadores creen que una serie de informes inexplicables sobre ovnis, como el de la RAF de West Freugh en 1957, donde se detectaron objetos en el radar a 70.000 pies, pueden haber sido provocados por misiones secretas de los U-2.

Al otro lado del Telón de Acero, la Unión Soviética denunció oficialmente los OVNIs a través de un artículo publicado en 1961 en Pravda como "cuentos fantásticos" difundidos por los americanos. Sin embargo, también en este caso, los OVNIs sirvieron para encubrir actividades militares que los militares soviéticos querían ocultar a Occidente. Por ejemplo, en septiembre de 1977 los residentes de la ciudad de Petrozavodsk se aterrorizaron por la aparición de un objeto brillante como una "medusa gigante" que iluminó los cielos hasta el oeste de Leningrado y Helsinki. Este OVNI fue rápidamente identificado por los astrónomos como la cola ardiente de un cohete utilizado para poner en órbita un satélite espía desde el centro espacial de Plesetsk.

Pero la prensa soviética siguió publicando declaraciones de portavoces oficiales que afirmaban que el espectacular avistamiento seguía sin tener explicación.

El incidente de Lakenheath-Bentwaters: Aunque varios informes sobre ovnis de la Guerra Fría pueden atribuirse a aviones espía, globos y pruebas de cohetes, hubo muchos otros realizados por pilotos militares de ambos lados del Telón de Acero que las agencias de inteligencia se han esforzado por explicar. Uno de los incidentes inexplicables más conocidos se produjo en el aeródromo de la Fuerza Aérea de los Estados Unidos con armamento nuclear de la RAF Lakenheath, en Suffolk, donde el U-2 tenía su base en abril de 1956, poco antes de la crisis de Suez.

En la noche del 13 de agosto de 1956, los radares del aeródromo de la RAF Bentwaters, en Suffolk, detectaron una serie de señales inexplicables, incluida una que viajaba a velocidad hipersónica. Los aviadores que se encontraban en tierra, y los que volaban en un transporte C-47 sobre la base, informaron de que habían visto luces brillantes, pero los aviones enviados a investigar no encontraron nada inusual. Más tarde, esa misma noche, el personal de las Fuerzas Aéreas de los Estados Unidos vio más ovnis en el radar de la RAF de Lakenheath, a 65 km al noreste; estos se movían de forma errática a velocidades de entre 400 y 600 mph. Lakenheath alertó entonces a la RAF de Neatishead, una estación de radar situada en los Norfolk Broads que defendía la costa este de Inglaterra.

El controlador jefe de la RAF en Neatishead, el teniente de vuelo Freddie Wimbledon, se presentó en 1978 para describir públicamente lo que ocurrió después. Admitió ser inicialmente escéptico, pero al comprobar sus radares se sorprendió al ver un objetivo no identificado a una altura de entre 10.000 y 20.000 pies. El objetivo se movía a una velocidad tremenda y luego se detuvo repentinamente, comportamiento que era totalmente distinto a cualquier avión que hubiera visto en el radar antes.

Inmediatamente dio órdenes de enviar los interceptores Venom de la RAF. Cuando hablé con él en 2001, recordó lo que ocurrió a continuación: Después de que el controlador de interceptación le dirigiera a la cola del objeto, el piloto dijo "contacto" y poco después "Judy", lo que significaba que el navegante lo tenía en su propia pantalla de radar y no necesitaba más ayuda de su controlador.

Después de unos segundos, en el espacio de un barrido de nuestras pantallas, el objeto apareció detrás de nuestro propio caza y nuestro piloto gritó: "Perdí el contacto, más ayuda". Se le dijo que el objetivo estaba ahora detrás de él y yo hice despegar un segundo Venom que fue vectorizado hacia la zona". Este drama fue escuchado por el personal de la RAF y la USAF en tierra.

El aviador Graham Schofield escuchó la charla por radio desde la sala de la tripulación de la RAF Waterbeach en Cambridgeshire, donde las tripulaciones de los Venom estaban preparadas. Recuerda haber escuchado "un grito de confusión del piloto que no había visto nada. Luego oímos: "¡Creo que nos están pisando los talones!".

Uno de estos aviones parece haber sido pilotado por el jefe de escuadrón Anthony Davis, veterano de la Segunda Guerra Mundial, que era el oficial al mando del 23 escuadrón en 1956. En un breve relato de su experiencia, escrito 20 años después, Davis dice que su caza nocturno Venom fue dirigido por el control de tierra de la RAF hacia un supuesto OVNI, pero su operador de radar no pudo establecer contacto con él y se encontró "persiguiendo una estrella".

Por su parte, Wimbledon recordaba que el parpadeo de su radar se desvaneció antes de que se acercara el segundo avión, casi como si hubiera abandonado la persecución. Sostuvo que el objetivo era fuerte y claro, de un tamaño similar al de un avión de combate, pero capaz de una "aceleración tremenda" desde un punto de partida.

. . .

En las primeras horas del 14 de agosto, los radares de Lakenheath detectaron más OVNIs, y de nuevo los Venoms fueron enviados para interceptarlos. Los tripulantes de dos Venoms contaron sus experiencias en 1995 para un programa de la BBC sobre los ovnis de la Guerra Fría. El operador de radar del primer avión, el jefe de escuadrón John Brady, anotó en su cuaderno de vuelo que su Venom fue enviado a las 2.00 horas para investigar algo visto por los radares de la Fuerza Aérea de los Estados Unidos a baja altura cerca de la RAF Lakenheath. Más tarde recordó:

"La USAF nos dirigió hacia esta cosa a unos 7.000 pies. La primera vez que nos acercamos no vi nada. La siguiente vez giramos hacia un rumbo recíproco y entonces obtuve un contacto que mantuve a 10-15 grados de distancia en punto muerto y noté que bajaba por el tubo a gran velocidad. Estábamos volando a unas 350-400 mph. Recuerdo haber dicho [al piloto]: "CONTACTO ... allí está fuera 45 estribor ahora a una milla"... y él seguía diciéndome: "¿Dónde está? ¿Dónde está? No lo veo" mientras pasábamos a toda prisa. Y se iba por la derecha o por la izquierda [del Venom]. Se hicieron dos pasadas más con el mismo resultado y era bastante obvio que, fuera lo que fuera, estaba inmóvil. [El piloto] miró hacia fuera en cada recorrido pero no pudo ver nada. Mi contacto con el radar era firme, pero desordenado, pero había algo allí".

Un segundo Venom enviado para ayudar no tuvo más éxito y ambos aviones regresaron a la base, con poco combustible, sin identificar su objetivo. Poco después, el OVNI desapareció del radar de la Fuerza Aérea de los Estados Unidos y no volvió. Ralph Noyes, que trabajaba en el Ministerio del Aire en aquella época, recordó el pánico que creó este incidente. Entrevistado en 1989, dijo: "En este caso, el radar costero vio varios objetos que llegaban a través del Mar del Norte. Parecía un error ruso. Los aviones a reacción se pusieron en marcha. Los objetos viajaban a velocidades imposibles y simplemente rodeaban a nuestros aviones más rápidos. Inevitablemente, esto condujo al tipo de investigación que uno pondría en marcha si tuviera alguna responsabilidad militar, pero no queríamos especialmente hacer declaraciones públicas al respecto. No por algo para lo que no teníamos explicación".

Aunque los detalles del incidente de Lakenheath fueron registrados por el Proyecto Libro Azul, el expediente permaneció clasificado durante 12 años. En 1956, los investigadores del Libro Azul llegaron a la conclusión de que los pitidos vistos en el radar eran probablemente ecos espurios causados por "condiciones meteorológicas inusuales", ya que los hechos ocurrieron en una húmeda tarde de agosto.

Pero cuando los científicos del proyecto OVNI de la Universidad de Colorado revisaron el archivo en 1968, su experto en radares Gordon Thayer decidió que era "el caso más desconcertante e inusual de los archivos visuales de radar", añadiendo: El comportamiento aparentemente racional e inteligente del OVNI sugiere un dispositivo mecánico de origen desconocido como la explicación más probable para este avistamiento".

Una conclusión muy diferente aparece en el diario del escuadrón 23 de la RAF que cubre los acontecimientos de 1956. El diario se refiere a "varios intentos" que fueron hechos por sus pilotos para interceptar un "objeto extraño" captado por el radar sobre Lakenheath, pero dice que nada fue visto por las tripulaciones. El diario añade que "más tarde se decidió que el objeto debía ser un globo". El historiador del escuadrón, Chris Hann, dice que cree que el diario "proporciona pruebas contemporáneas de que el incidente no se consideró de ninguna importancia... más bien fue una diversión interesante de un período por lo demás mundano".

Esta evidencia puede explicar por qué el Ministerio del Aire destruyó sus propios registros de este notable incidente.

En 1972, uno de los testigos clave, el ahora Comodoro del Aire Tony Davis, se convirtió en jefe de la rama del Ministerio de Defensa responsable de los OVNIs al retirarse de la RAF. Durante su mandato en el "escritorio OVNI", Davis confirmó, en respuesta a una pregunta de un ovniólogo, que los documentos de la RAF que cubrían el incidente habían sido destruidos, pero añadió que "si hubiera habido alguna prueba que indicara la existencia de un objeto volador no identificado pero real (y no sólo un eco de radar anómalo), por supuesto que se habrían conservado e investigado en gran profundidad".

Hoy en día, la única referencia oficial que se conserva sobre el colapso de Bentwaters-Lakenheath se encuentra en un informe de inteligencia para el Subsecretario de Estado del Aire, George Ward MP, en mayo de 1957. Bajo la categoría de "incidentes de radar inexplicables" la nota resta importancia a su significado, refiriéndose a: "un informe de un objeto inusual en el radar de Lakenheath que al principio se movió a una velocidad de entre dos y cuatro mil nudos [2.300-4.600 mph] y luego permaneció estacionario a gran altura. El Venom enviado para interceptarlo no estableció contacto visual con este objeto y otros radares no lo captaron".

5

Encuentros cercanos

EN JUNIO DE 1969, la policía de Norfolk envió al Ministerio de Defensa detalles de dos experiencias extrañas que habían ocurrido con 24 horas de diferencia. La primera de ellas procedía de un ingeniero eléctrico, Robin Peck, al que describían como "una persona muy sensata que se ha visto realmente asustada por [su] experiencia". Peck hizo la declaración sobre su avistamiento a las 12.25 horas del 19 de junio de 1969:

"Pasaba por Bircham cuando las luces de mi vehículo empezaron a apagarse. En unos momentos se habían atenuado hasta tal punto que no pude ver, y me puse en mi lado cercano. Al hacerlo, el motor también se apagó y no pude obtener ninguna luz de encendido. Sospechando un fallo en la batería, me bajé y me acerqué al capó.

Fue entonces cuando experimenté la sensación de que el aire estaba lleno de estática y sentí que se me ponían los pelos de punta. Entonces vi un objeto en el cielo a unos 30 metros del suelo. Este objeto parecía ser como un hongo invertido, aproximadamente del tamaño de una fila de varias casas de campo. Era de un color azul muy pálido, rodeado de un brillo dorado. El objeto no emitió sonido alguno y permaneció en esa posición durante al menos un minuto. A continuación, se alejó en dirección a King's Lynn, todavía sin emitir ningún sonido. Cuando se alejó, el color azul parecía dejar un rastro de neblina tras el objeto. Volví a sentarme en mi vehículo durante unos minutos, bastante conmocionado, y luego, por reflejo más que por otra cosa, intenté arrancar el motor y comprobé que todo volvía a funcionar perfectamente".

La policía relacionó la experiencia de Peck con un informe de Arthur Hendry, de 17 años, aprendiz de carpintero, que vivía cerca. Antes de la medianoche del día siguiente, 20 de junio, se disponía a volver a casa en bicicleta cuando oyó un extraño silbido por encima de él, pero no pudo ver nada. En una declaración a la policía dijo que el ruido se hizo más fuerte y se intensificó hasta convertirse en un potente latido. De repente sentí como si todos los músculos de mi cuerpo se bloquearan, y no pude soltar mi bicicleta", dijo en una declaración policial.

Al cabo de unos segundos, el ruido desapareció y volví a sentirme casi normal... había sentido como si recibiera una fuerte descarga eléctrica y la electricidad me recorriera el cuerpo desde la cabeza hasta los pies".

Los científicos del Ministerio de Defensa sospecharon que los dos hombres podían haber experimentado un tipo de fenómeno atmosférico poco frecuente, similar a un rayo de bola. Sin embargo, la Oficina de Meteorología comprobó que los cielos de Anglia Oriental estaban despejados y no había tormentas eléctricas en ese momento. Al no poder explicar los extraños efectos electromagnéticos de los que se informó, un funcionario concluyó que "[esto] suena como un auténtico OVNI" y cerró el expediente.

Cuando el Ministerio de Defensa recibía informes sobre OVNIs de "testigos creíbles", como oficiales de policía, a veces enviaba a oficiales de inteligencia a entrevistarlos.

Es posible que algunas de estas visitas fueran las responsables de la leyenda de los "Hombres de Negro". Los MIB son figuras misteriosas y siniestras que visitan a los testigos de los OVNIs para recoger pruebas y a veces intentan persuadirles de que no hablen de sus experiencias.

Sus trajes y coches negros inmaculados han llevado a algunos ufólogos a creer que los MIB son empleados de una agencia gubernamental secreta. El Ministerio de Defensa siempre ha afirmado que su "oficina OVNI" se ocupaba de todos los asuntos relacionados con los OVNIs y que su personal civil no estaba autorizado a visitar o entrevistar personalmente a los testigos. Sin embargo, según los archivos publicados en 1998, otra rama secreta del Ministerio de Defensa, la DI55, realizaba a veces sus propias "extensas investigaciones", cuyos detalles la "oficina OVNI" no tenía "necesidad de conocer".

De particular interés para el DI55 eran los informes sobre OVNIs presentados por oficiales de policía debido a su credibilidad y capacidad de observación. Posiblemente la investigación mejor documentada ocurrió en 1966, cuando un oficial de inteligencia viajó a Cheshire para entrevistar a un agente de policía, Colin Perks, que había informado del avistamiento de un "platillo volante" (véase el capítulo 4). El oficial también examinó la escena y comprobó los registros de radar. Dos años más tarde se produjo otra visita a raíz de una "oleada" de avistamientos de ovnis en Sheffield, Yorkshire. El agente de policía Martyn Johnson, que entonces tenía 25 años, estaba paseando con su novia cerca de la medianoche del 22 de julio de 1968 cuando ambos vieron dos luces en el cielo que se acercaban a ellos desde un parque cercano. Recordando el incidente en 2011, dijo: "Los colores que salían eran todos los del arco iris... pero eran muy, muy suaves y no lanzaban rayos como una antorcha. Se movían lentamente, siguiendo los contornos del parque". Cuando las luces sobrevolaban una casa cercana, el caniche de la pareja se agitó, rompió la correa y salió corriendo. Las dos luces se convirtieron en cuatro, dispuestas en una formación oblonga, pero entonces "sin ningún aviso, fue como si alguien las hubiera apagado y se desvaneció a gran velocidad, siguiendo el ferrocarril hacia Rotherham".

. . .

Unas horas más tarde, la patrona despertó a Johnson y le dijo que se presentara ante un oficial superior en el cuartel general de la policía de Sheffield. Al llegar a la oficina del superintendente, "vio a dos hombres sentados a su izquierda... se me quedaron grabados porque iban vestidos como los espías de la televisión, con gabardinas y sombreros Trilby".

Le dijeron que los hombres eran "miembros de un departamento de investigación del Gobierno en Londres" que querían interrogarle sobre su experiencia. Le preguntaron por otros testigos y si había leído libros sobre viajes espaciales. No hubo preocupación ni presión, todo fue muy relajado, pero todo fue muy peculiar", recuerda.

Intentaron desesperadamente convencerme de que era un avión o posiblemente un helicóptero. Pero yo no tenía nada de eso". Al final de la entrevista le recordaron que estaba "bajo juramento y que había jurado guardar el secreto durante 25 años". El agente Johnson estaba desconcertado por el excesivo secretismo, ya que su historia había sido noticia en la prensa local. Entonces, justo antes de que los dos hombres regresaran a Londres, les preguntó qué había visto. Se miraron y se encogieron de hombros", recuerda. Y uno de ellos sonrió y me dijo -y sus palabras están grabadas de forma indeleble en mi memoria todos estos años después-: "Lo que has visto es un objeto volador no identificado u OVNI. Algunos los llaman naves espaciales, y si la gente del mundo supiera cuántos avistamientos auténticos hay como el suyo, el pánico sería total".

En los archivos de la oficina de OVNIs se puede encontrar un formulario de informe estándar del Ministerio de Defensa de una página, que contiene breves detalles del avistamiento de PC Johnson, marcado con una palabra en la explicación: "avión". El archivo señala que su informe fue remitido al DI55, pero no se conserva ningún registro escrito de la visita de los dos misteriosos hombres del "gobierno".

El informe Condon: Los últimos tres años de la década de 1960 fueron una época extraordinaria para los ovniólogos, como se conocía a los que estudiaban los ovnis.

Apenas pasaba un día sin que un periódico informara de un nuevo avistamiento en algún lugar del país.

Incluso el bastión de la britanidad, la BBC, entró en escena con el documental Flying Saucers and the People Who See Them (Platillos volantes y la gente que los ve), inspirado en el "flap" de los ovnis de 1967, como se conocía a este tipo de pánico. En 1969, con los OVNIs ya firmemente arraigados en la cultura popular, el programa Apolo de la NASA alcanzó su apogeo con los alunizajes. Muchas personas que antes se burlaban de la idea de los visitantes del espacio empezaron a reconsiderar la idea. Si podíamos visitar la Luna y posiblemente otros planetas, ¿por qué no podrían visitarnos extraterrestres inteligentes, si es que existían?

El aumento de la concienciación pública sobre los OVNIs supuso un problema constante para el Ministerio de Defensa, que seguía luchando para rechazar las peticiones de un estudio científico patrocinado por el gobierno. En noviembre de 1967, el jefe de la oficina de OVNIs, James Carruthers, resumió su política en una sesión informativa para los ministros.

Dijo que el Ministerio de Defensa había realizado un análisis estadístico de los informes recibidos desde 1959, pero "no ha encontrado ninguna prueba que sugiera que [los ovnis] tengan otras explicaciones que las mundanas".

· · ·

Añadió que el Ministerio de Defensa "no considera que un estudio separado realizado por los departamentos del Gobierno [del Reino Unido] o por una universidad u otra organización independiente pueda producir resultados que justifiquen el gasto, el tiempo y el dinero que ello supondría".

Mientras tanto, en Estados Unidos, el estudio realizado por científicos de la Universidad de Colorado, dirigido por el físico Dr. Edward Condon, llegó a una serie de conclusiones y recomendaciones. Lo que se conoció como el "informe Condon" se basó en el análisis de 12.618 informes investigados por el Proyecto Libro Azul entre 1947 y 1969. De este total, alrededor del 6% (701 informes de avistamientos) quedaron "sin identificar". Sin embargo, las conclusiones del estudio afirmaban que:

- Alrededor del 90 por ciento de todos los informes de OVNIs resultan estar plausiblemente relacionados con fenómenos ordinarios, tanto naturales como artificiales.
- Ningún informe OVNI había dado indicios de una amenaza para la seguridad nacional.

- No había pruebas de que los avistamientos clasificados como "inexplicables" fueran naves espaciales extraterrestres.
- El estudio de los OVNIs en los últimos 21 años ha aportado poco, si es que ha aportado algo, al conocimiento científico, y no se justifica un estudio más amplio de los avistamientos de OVNIs.

Estas conclusiones fueron refrendadas posteriormente por un grupo de la Academia Nacional de Ciencias de Estados Unidos y, tras la publicación del informe final de la universidad, The Scientific Study of Unidentified Flying Objects (Estudio científico de los objetos voladores no identificados), en 1969, las Fuerzas Aéreas de Estados Unidos -que habían encargado el estudio- aprovecharon la oportunidad para cerrar el Libro Azul y poner fin a su interés oficial por los ovnis.

Gran Bretaña siguió el ejemplo de EE.UU. y pocos informes más, aparte de los comunicados por miembros de las fuerzas armadas, se sometieron al tipo de investigaciones de campo realizadas por el Ministerio de Defensa en 1967-8. Las conclusiones del informe Condon se presentaron al Ministerio de Defensa en un documento informativo preparado por Michael Hobkirk, sucesor de Carruther como jefe del S4, a principios de 1970. En él se afirmaba que, aunque "no se han encontrado pruebas que sugieran que los informes representen una amenaza, ya sea terrestre o extraterrestre, para el Reino Unido", el Ministerio de Defensa debía seguir examinando los informes sobre ovnis. Hobkirk explicó que esto era necesario no porque el Ministerio de Defensa estuviera preocupado por una amenaza potencial de los OVNIs, sino por "la necesidad de responder a las preguntas del público que podrían surgir de una ansiedad real sobre la seguridad nacional".

Dos años más tarde, en enero de 1972, el sucesor de Hobkirk, el Comodoro del Aire Anthony Davis, se convirtió en el primer jefe del "escritorio OVNI" en aparecer en televisión para explicar cómo el ministerio investigaba los avistamientos. El programa formaba parte de la serie Man Alive de la BBC e incluía al "hombre del ministerio" participando en un debate con un panel de expertos y respondiendo a las preguntas del público. El programa se grabó en el ayuntamiento de Banbury tras una oleada de avistamientos de ovnis en Oxfordshire.

. . .

En un principio, el Ministerio de Defensa se mostró reacio a permitir la participación de Davis, ya que le preocupaba que pudiera convertirse en un objetivo para aquellos "que profesan la creencia en los hombrecillos verdes", pero el periodista se mostró dispuesto a participar. Su aparición sentó un precedente para funcionarios como Ralph Noyes y Nick Pope que, décadas más tarde, hablarían públicamente sobre la política ovni del Ministerio de Defensa. Durante el debate televisivo de 1972, Davis dijo que todos los informes recibidos por el Ministerio de Defensa eran "examinados con una mente abierta y sin prejuicios", pero que su interés en ellos se limitaba "únicamente a las posibles implicaciones para la defensa".

Negó que el Ministerio de Defensa poseyera pruebas que pudieran demostrar la existencia de visitantes extraterrestres y dijo que había estudiado el informe Condon de EE.UU. con "gran detalle... y sus conclusiones son muy similares a las nuestras".

Aunque Davis se cuidó de no mencionar sus propias experiencias con ovnis, en sus notas informativas conservadas en los Archivos Nacionales se revelan dos incidentes intrigantes.

. . .

El primero ocurrió cuando su Spitfire de la RAF fue "atacado de frente" por un misterioso objeto volador durante una misión de intrusión sobre la Europa ocupada en 1944. Dijo que esta experiencia le enseñó una lección, ya que este "OVNI" de guerra resultó ser un globo meteorológico de gran altura. Su segundo encuentro tuvo lugar durante la Guerra Fría, cuando su caza nocturno Venom recibió la orden de interceptar un OVNI rastreado por radar sobre la RAF de Lakenheath. En 1972 se había convertido en un escéptico y dijo a la audiencia de la BBC que "la belleza y los ovnis, a menudo pienso, están en el ojo del que mira".

Davis dejó la sección de OVNIs en 1973 y en diciembre de ese año los recortes en los gastos de defensa llevaron al Ministerio de Defensa a suspender el análisis estadístico anual de los informes sobre OVNIs. Desde la década de 1950, habían asignado los avistamientos, a menudo de forma aleatoria, a varias categorías explicadas, proporcionando a quienes se habían puesto en contacto con ellos un breve resumen de la evaluación del Ministerio de Defensa. Con el tema clasificado como de baja prioridad, los miembros del público que informaran de avistamientos al Ministerio de Defensa recibirían a partir de entonces un cortés acuse de recibo en forma de carta estándar en la que se exponían las causas probables.

Entre ellas se encuentran los aviones, los satélites y los meteoritos, los globos, las estrellas brillantes y los planetas, aparte del 10% que seguirá figurando como "inexplicable".

Como un aguacate aplastado: A pesar de la reducción del interés oficial, los ciudadanos de a pie siguieron informando a las autoridades de encuentros cercanos con OVNIs que resultaron desconcertantes y a veces aterradores. En una carta enviada al Ministerio de Defensa, la Sra. Anne Taylor, de Romford (Essex), describió la extraña experiencia ocurrida alrededor de las 21.00 horas del 17 de septiembre de 1973. Volvía a su granja después de pasear a sus tres perros cuando:

"Noté una luz verde muy cerca del establo. Mi primera reacción fue que se trataba de una de las muchas avionetas del cercano aeródromo de Stapleford, y que estaba un poco baja. Seguí caminando y observando esta luz, que empezó a moverse muy lentamente hacia mí.

Entonces pensé que posiblemente era un helicóptero, pero de repente me di cuenta de que no había ningún ruido.

Para entonces había llegado a una línea de árboles con una fina valla de alambre que dividía un campo de otro.

Los dos terriers, que normalmente no se alejan mucho, estaban contra mis piernas, gimiendo y encogiéndose".

La Sra. Taylor se detuvo, de pie junto a uno de los árboles, y observó cómo la luz se acercaba lentamente hacia ella hasta que estuvo a unos pocos pies de ella, suspendida a unos 12 pies del suelo. En ese momento "pude distinguir una silueta en forma de bola, pero ningún ruido. Le silbé [al dóberman], que se acercó a mí, miró la luz verde y empezó a aullar. Miré mi reloj y vi que se había detenido. De repente, mi columna vertebral empezó a temblar. No puedo decir que estuviera aterrorizado; creo que era una ligera aprensión y ciertamente una gran curiosidad. A continuación se oyó el sonido de un avión a reacción en la distancia; la luz verde se apagó y se oyó un sonido que sólo puedo describir como un zumbido eléctrico, y la bola se elevó en línea recta hasta que ya no pude verla. En cuanto se apagó la luz, los perros volvieron a la normalidad. Volví a casa, miré el reloj y ya estaba en marcha otra vez".

La Sra. Taylor supuso que su avistamiento había tenido lugar en el espacio de tres minutos, añadiendo: Permítanme asegurarles que no he bebido nada más fuerte que el café y que no soy una lectora de ciencia ficción, lo que parece ser". Al recibir su carta, un científico de la Oficina de Meteorología llegó a las mismas conclusiones que uno de sus colegas había sacado en los casos de Peck y Hendry cuatro años antes; un cinturón de fuertes lluvias tormentosas había pasado por el este de Inglaterra poco antes del avistamiento y, en su opinión, "existía la posibilidad de que la señora Taylor hubiera presenciado un ejemplo de rayo en bola... un fenómeno raro y transitorio que no se comprende bien". Sin embargo, varias características de la experiencia no concuerdan con la teoría: "Por ejemplo, los relámpagos en forma de bola suelen describirse como blancos, rojos, amarillos y, en raras ocasiones, azules.

Rara vez se ha observado el color verde y la duración del fenómeno suele ser cuestión de segundos y no de minutos".

En otros casos, los científicos del Ministerio de Defensa podrían estar más seguros de las explicaciones de los informes sobre OVNIs enviados por el público.

Un ejemplo fue comunicado a la RAF de St Mawgan por la señora Good, que vio tres misteriosos objetos en el cielo de la bahía de Porthcothan (Cornualles) la noche del 7 de julio de 1973. Estaba cerrando las cortinas de su casa a las 10 de la noche. Todavía había luz en el exterior y se sorprendió al ver dos objetos oscuros con forma de semicírculo que flotaban en el cielo sobre la bahía. Estaban situados a ambos lados de un anillo simétrico y brillante.

Al cabo de unos segundos, el anillo pareció entrar en el objeto de la izquierda y los dos "salieron disparados a gran velocidad" hacia arriba y en la distancia. Poco después, el objeto restante también desapareció, siguiendo la misma trayectoria.

Al comprobar la fecha y la hora, la RAF de St Mawgan descubrió que su oficial meteorológico de guardia había visto un raro fenómeno atmosférico conocido como "perros del sol" o parhelia poco antes del avistamiento. El comandante de la base llegó a la conclusión de que esto ofrecía "una explicación muy creíble a su avistamiento [del OVNI], aunque [éste] se produjo una o dos horas más tarde que el del oficial de meteorología". La Sra. Good no estaba convencida de ello y seguía estando segura de lo que había visto.

Le contestó diciendo: "Me doy cuenta de que una cosa es que te cuenten esas cosas y otra que las veas por ti misma.

Me pregunto si lo viera usted misma, ¿le creería alguien?".

. . .

En 1977, el embajador británico en Suiza, A. K. Rothnie, envió un relato detallado de su experiencia OVNI cerca de Rolvenden, en Kent, el 15 de octubre. Estaba conduciendo a las 6.45 pm cuando: ... a través del parabrisas de mi coche vi al norte de mí, en algún lugar cerca de la aguja de la iglesia, un objeto en el cielo con una inclinación de unos 18 o 20 por ciento por encima del horizonte, que se desplazaba rápidamente de sur a norte y tenía la forma de un aguacate aplanado. El extremo romo y puntiagudo parecía estar bordeado horizontalmente por una especie de metal de fósforo o bronce que brillaba con bastante claridad. El cuerpo general del objeto emitía una pronunciada luz azulada y desde el extremo cónico o de salida salía un chorro de chispas doradas.

Todo el avistamiento duró sólo un segundo o un segundo y medio, pero mi impresión de lo que había visto era tan vívida que cuando unos minutos más tarde entré en la taberna Ewe and Lamb para tomar una merecida pinta de cerveza amarga (después de un duro día de trabajo en el jardín) anuncié inmediatamente al propietario que acababa de ver mi primer ovni".

. . .

El Sr. Rothnie decidió informar de su avistamiento al Ministerio de Defensa después de que su periódico local publicara una noticia en la que se describía cómo otros grupos de personas habían visto "un OVNI brillante con forma de mango" al mismo tiempo. Al tratarse de un informe detallado de un distinguido diplomático, el Ministerio de Defensa no tuvo más remedio que investigar más a fondo y los científicos del DI55 utilizaron un ordenador para comprobar una serie de posibles explicaciones. En una carta se le dijo a Rothnie que el Ministerio de Defensa no solía avisar a los observadores de la posible identidad de los ovnis, pero:

"El incidente de Rolvenden ha sido examinado más a fondo de lo habitual y se ha establecido que los restos de un satélite espacial soviético entraron en la atmósfera terrestre el 15 de octubre.

No podemos afirmarlo definitivamente, pero ésta es posiblemente la explicación".

Luces danzantes y un circo aéreo: A finales de los años 70, el embajador no era habitual que recibiera una respuesta tan detallada del Ministerio de Defensa. La mayoría de los que escribieron y cuyas cartas pueden consultarse hoy en las salas de lectura de los Archivos Nacionales sólo recibieron una carta estándar. Sus informes, por sinceros que fueran, rara vez se investigaban más. Un ejemplo fue un informe presentado por el funcionario Alan Lott, que trabajaba en el Establecimiento de Investigación de Armas Atómicas de Aldermaston. En su relato describe cómo se sintió obligado a hacer un informe oficial de "un avistamiento extraordinario" realizado por él y su esposa, Clarice, la noche del 31 de enero de 1975. El Sr. Lott había salido de su casa en Caversham, cerca de Reading, para pasear a su perro justo antes de las 22.30 horas, cuando divisó un grupo de luces brillantes en el cielo, al este, sobre el bungalow de un vecino. Inmediatamente llamó a su mujer y ambos examinaron las luces con unos prismáticos. El relato del Sr. Lott continúa: "Descubrí que se movían lentamente en línea recta casi exactamente de este a oeste y que ahora estaban directamente sobre mi casa. A simple vista se veía que había tres luces extremadamente brillantes de color naranja/amarillo dispuestas como un gran triángulo equilátero. Había otras dos luces muy pequeñas, una roja y otra blanca... todas fijas sin parpadeo [y] no había haces de luz como los de los reflectores, sólo el resplandor brillante y constante".

La pareja estaba desconcertada por la falta de sonido y no pudo ver ningún indicio del contorno de un fuselaje que se esperaría si el objeto fuera un avión de vuelo bajo. La separación de la luz sugería que se trataba de un cuerpo muy grande que volaba muy bajo, pero el OVNI se desplazaba tan lentamente que no podía tratarse de ningún avión convencional", añadió el Sr. Lott. La formación de luces desapareció al cabo de cinco minutos, desvaneciéndose silenciosamente detrás de las casas y los árboles más adelante. Terminó su relato diciendo: "Al observar los ovnis, la primera impresión subjetiva fue la de un inmenso avión delta del tamaño de un 747 volando a unos 1.000 pies de altura y a una velocidad de, digamos, 50 nudos. Sin embargo, las tres luces brillantes y las dos pequeñas no son compatibles con ningún tipo de aeronave que yo conozca... No puedo explicar de ninguna manera este "circo aéreo". No se parece a nada de lo que he visto".

Posiblemente, la historia más extraña de los archivos OVNI del Ministerio de Defensa de los años 70 es la de una joven pareja. En el último momento decidieron eliminar sus nombres de la carta que enviaron al Ministerio de Defensa porque no querían ser identificados.

. . .

El hombre describió cómo él y su prometida, parcialmente ciega, volvían a casa de unas vacaciones en Cornualles a última hora del 25 de junio de 1977 para evitar el tráfico de las vacaciones. Mientras conducían por la desierta A303, cerca de Warminster (Wiltshire), observaron un triángulo de tres luces blancas delante de ellos.

Mi primera conclusión fue que probablemente marcaban un cruce de ferrocarril oculto o quizás un puente bajo", escribió. A medida que se acercaban, se hizo evidente que había algo singularmente inusual en el resplandor que emitía el objeto que estaba contemplando. Murmuré a mi prometida, "mira esto", e inmediatamente me di cuenta de que ella había visto los misteriosos objetos, que en ese momento estaban casi sobre nosotros. En ese momento, para mi asombro, los tres objetos se separaron de su triángulo autodeterminado y se convirtieron en tres cuerpos independientes. Uno de ellos se alejó hacia el lado de la carretera, para finalmente desaparecer entre los arbustos. Los dos restantes se situaron junto al coche, para gran inquietud y consternación de mi prometido. Entonces ocurrió lo más sorprendente de todo. Los objetos, que danzaban con una impetuosidad de duendes a nuestro lado, cambiaron suavemente y con una "acción similar a la de las burbujas" tanto su color como su forma.

Del centro de la luz blanca surgió un globo anaranjado y dorado... estos dos globos... permanecieron durante un breve espacio de tiempo junto al coche y luego se desplazaron hacia la parte trasera, donde los recogí en mi espejo retrovisor mientras seguían bailando detrás de nosotros, antes de que desaparecieran pronto".

El autor de la carta añadió: "Mis reacciones fueron sólo de sorpresa - ciertamente no de miedo - [y] en ningún momento hubo una atmósfera de algo en lo más mínimo desagradable o siniestro - de modo que pude ver lo que ocurrió con un gran grado de distanciamiento y con considerable fascinación".

El Roswell Galés: Uno de los misterios OVNI más conocidos de la década de 1970 se conoce como "el incidente de las montañas Berwyn". En la noche del 23 de enero de 1974, muchas personas de Inglaterra y Gales vieron luces brillantes de colores que cruzaban el cielo. Los astrónomos de la Universidad de Leicester registraron el avistamiento de al menos tres meteoros bola de fuego entre las 19:00 y las 22:00 horas de esa noche. Las bolas de fuego son meteoros brillantes que vuelan cerca de la atmósfera de la Tierra, formando vívidos estallidos de color cuando se queman en la atmósfera, dejando un rastro de chispas a su paso.

Una de estas bolas de fuego fue vista sobre el norte de Gales pocos minutos antes de que una enorme explosión sacudiera los pueblos situados bajo las laderas del norte, al pie de las montañas Berwyn. Para muchos de los que vieron luces en el cielo y experimentaron el temblor de tierra, sin saber su origen, parecía que algo, quizás un avión, se había estrellado. Las centralitas de la policía se llenaron de llamadas y, como los Berwyns habían sido escenario de anteriores accidentes de aviones militares, se envió a la policía y a un equipo de rescate de montaña por si se había producido un verdadero desastre. El equipo de la RAF Valley fue enviado a Llandrillo, al pie de la cordillera, y se unió a la policía local para buscar en las montañas al día siguiente. No encontraron ningún rastro de un accidente y la operación se suspendió cuando se supo que el Servicio Geológico Británico había identificado el origen de la "explosión" como un terremoto, medido entre 4 y 5 en la escala de Richter, con epicentro en la zona de Bala.

. . .

El suceso de Berwyn recibió una gran cobertura de los medios de comunicación, pero en aquel momento no se relacionó directamente con los ovnis. Cuando quedó claro que la lluvia de meteoritos y el temblor de tierra no estaban relacionados, salvo por la coincidencia, la historia se olvidó rápidamente.

Sin embargo, en 1996-97 la popularidad del incidente de Roswell en libros y documentales de televisión llevó a algunos entusiastas de los ovnis a resucitar el suceso de Berwyn como un posible ejemplo de accidente ovni encubierto por las autoridades, un "Roswell galés". Al igual que en el caso del Roswell original, en estos relatos posteriores se citaron testigos, a menudo anónimos, décadas después de los hechos reales. Algunos afirmaban que las carreteras que conducían a las laderas de Gales habían sido cerradas por el ejército mientras los equipos buscaban el lugar del accidente, mientras que otros afirmaban que los cuerpos de los alienígenas habían sido recuperados y llevados para su examen a la planta secreta de armas biológicas de Porton Down, en Wiltshire.

A pesar de las numerosas afirmaciones y contrademandas, nunca han surgido pruebas de que el Ministerio de

Defensa haya participado a alto nivel en el incidente de Berwyn, aparte de la búsqueda inicial realizada por el equipo de rescate de montaña de la RAF. Los rumores que afirmaban que unos misteriosos funcionarios llegaron a Llandrillo y entrevistaron a los residentes han sido rastreados hasta un estudio de campo posterior realizado por científicos del British Geological Survey.

Los archivos del Ministerio de Defensa contienen informes de siete ovnis avistados en la noche del 23 de enero de 1974, pero ninguno de ellos fue reportado desde Gales. Los avistamientos se produjeron en los Home Counties, Lincolnshire y Sussex. La mayoría describió una luz verdosa brillante en lo alto del noroeste que parecía caer hacia el horizonte. Un observador en Lincoln dijo que el objeto parecía romperse, seguido de un brillante destello de luz verde. Según los archivos, los observadores registraron la hora justo antes de las 10.00 pm, que coincide con la última y más dramática de las bolas de fuego registradas por los astrónomos.

En mayo de 1974, el diputado galés Dafyd Ellis Thomas preguntó al ministro de Defensa Brynmor

John si se había realizado alguna investigación oficial sobre el incidente de Berywn. Los archivos publicados en 2005 en The National Archives muestran que el Ministerio de Defensa consultó a la Oficina Meteorológica y al DI55, que dijeron que el espectáculo de meteoros era la explicación más probable de lo que se había visto en el norte de Gales. El Ministerio de Defensa no realizó ninguna investigación oficial, aparte de la búsqueda inicial realizada por el equipo de rescate de montaña de la RAF Valley, que no encontró nada.

OVNIS sobre el mar del norte: De todos los avistamientos de ovnis, los comunicados por agentes de policía o testigos militares y corroborados por contactos de radar suelen proporcionar las pruebas más impresionantes de la existencia de ovnis. Uno de los informes más desconcertantes de los archivos del Ministerio de Defensa para este período fue realizado por el personal de la RAF Boulmer, que es una estación de radar de defensa aérea en la costa noreste, cerca de Alnwick, Northumberland. En las primeras horas del 30 de julio de 1977, los aviadores del turno de noche fueron alertados por la llamada de un civil que veía dos objetos brillantes sobrevolando el Mar del Norte. Cuando el controlador de guardia, el teniente de vuelo A. M.

Wood, y un grupo de aviadores salieron de la sala de control, se dieron cuenta de que ellos también podían ver los misteriosos objetos. En una señal enviada al Ministerio de Defensa, Wood describió que se encontraban cerca de la costa y revoloteaban a una altura estimada en 4.000-5.000 pies. Parecían separarse lentamente y luego volver a juntarse a medida que subían hacia el cielo despejado. Su informe decía: "No hacía falta imaginación para distinguir la forma... el objeto del oeste [era] cónico con el vértice en la parte superior... [parecía] girar y cambiar de forma hasta adquirir una forma de punta de flecha. El objeto del este era indistinto". Wood dijo que el OVNI más cercano a la base era 'redondo, luminoso, [y] 4 o 5 veces más grande que un helicóptero Whirlwind'.

El relato del teniente de vuelo Wood fue corroborado por dos aviadores de servicio en un puesto de piquete en el perímetro de la base, que fueron descritos como "fiables y sobrios". Increíblemente, dijeron que el OVNI del oeste se movió "y cambió forma para convertirse en un cuerpo con proyecciones como brazos y piernas". En su informe, Wood dice que poco después de que desaparecieran de la vista, los radares de la RAF de Boulmer detectaron dos objetivos no identificados a una distancia de entre 20 y 30 millas en el mar. Estos se movieron lentamente hacia el noreste mientras subían, "luego se separaron, uno subiendo a

9.000 pies [estimado] y moviéndose hacia el este, el otro manteniéndose a 5-6.000 pies". Wood se puso en contacto con el controlador de RAF Patrington, una segunda estación de radar situada a unas millas al sur, cerca de Flamborough, en Yorkshire. El personal de allí dijo que también podía ver dos objetivos en las pantallas de radar.

Un alto oficial de inteligencia comentó este incidente cuando lo entrevisté en 2005. Dijo que estaba "enfurecido" por la falta de una respuesta inmediata al informe de Boulmer por parte de la RAF, a pesar de la gran cantidad de pruebas.

Los ovnis fueron visibles durante 1 hora y 40 minutos, lo que le llevó a sospechar que podían ser globos a la deriva o incluso estrellas brillantes, pero sintió que se había perdido la oportunidad de resolver el misterio. Añadió: "Envié un cohete al [oficial al mando] exigiendo saber por qué no habían enviado un avión para ver qué era".

La tripulación del Vulcan se encuentra con un OVNI: El incidente de la RAF en Boulmer fue uno de los avistamientos más intrigantes de la década de 1970 que surgió cuando el Ministerio de Defensa liberó sus archivos a los Archivos Nacionales. Sin embargo, quizá el más sorprendente de todos sea el realizado por toda la tripulación de un bombardero Vulcan con base en la RAF de Waddington, en Lincolnshire. Según una señal restringida fechada el 26 de mayo de 1977, el capitán y sus cuatro tripulantes se encontraban en un vuelo de entrenamiento a 43.000 pies sobre el Atlántico Norte cuando vieron un extraño objeto iluminado a unas 40 millas náuticas de distancia.

El OVNI pareció seguirles durante unos 15 minutos mientras giraba en el mismo rumbo ligeramente por encima de ellos.

Al principio, el OVNI se parecía a las luces de aterrizaje de un avión, "con un largo haz de luz en forma de lápiz por delante", pero al girar hacia ellos las luces parecieron apagarse dejando un resplandor naranja difuso con un punto verde fluorescente brillante en la esquina inferior derecha. Entonces, de repente, tanto el capitán como el copiloto vieron un objeto "que salía del centro del resplandor en dirección oeste... subiendo a gran velocidad en un ángulo de 45 grados".

. . .

Mientras seguían escudriñando el cielo, la tripulación del bombardero detectó interferencias en su pantalla de radar, procedentes de la misma dirección en la que fue visto el OVNI. Esto continuó durante 45 minutos mientras el Vulcan giraba hacia las Islas Británicas. A su regreso a la RAF Waddington, la película de la cámara del radar del avión fue examinada por expertos. Esto confirmó que el radar del Vulcan había registrado una "fuerte respuesta" desde la dirección del avistamiento.

Parecía consistir en tres retornos de radar separados a diferentes distancias, el tercero compuesto por tres objetivos de 200 yardas de ancho. En la película, el OVNI aparecía como "una sombra alargada", indicando un objeto de "gran tamaño" a una altura similar a la del Vulcan.

Un resumen de inteligencia enviado al Ministerio de Defensa más tarde ese mismo día decía que la tripulación "no podía ofrecer una explicación lógica para el avistamiento", pero señalaba que había barcos extranjeros en la zona y que la interferencia evidente en el radar sugería que se había intentado interferir los instrumentos del Vulcan. La señal, marcada como "restringida", decía que la descripción se asemejaba a "disparos de misiles lanzados desde la superficie o desde el subsuelo", tal vez por fuerzas estadounidenses o soviéticas. Cuando la oficina de OVNIs transmitió el informe al DI55 para que lo investigara, se le informó de que "no conocería el resultado de sus investigaciones" debido al contenido sensible del informe.

El triángulo de Gales: A estas alturas, a medida que el misterio OVNI evolucionaba en complejidad, empezaba a surgir la idea de que algunos lugares eran más propensos a las visitas de OVNIS y sus ocupantes que otros. En la década de 1960, por ejemplo, Warminster, una pequeña ciudad situada en el límite de los campos de entrenamiento del ejército en Salisbury Plain, en Wiltshire, se convirtió en el primer punto caliente o "ventana" de los ovnis en Gran Bretaña.

El extraño avistamiento de luces móviles "pícaras" descrito anteriormente fue reportado en esta área de Wiltshire, que más tarde se convertiría en un foco para el misterio de los círculos de las cosechas.

El fenómeno de Warminster comenzó en realidad cuando los residentes informaron de una racha de extraños ruidos aéreos y misteriosas luces en el cielo durante las vacaciones de Navidad de 1965. En el plazo de dos años, la ciudad se vio desbordada los fines de semana y los días festivos por multitudes de ovnis que tomaron posiciones en las colinas circundantes para observar "La Cosa", como la describieron los residentes de la ciudad. Cientos de avistamientos fueron registrados por un periodista local, Arthur Shuttlewood, que afirmó haber observado numerosos objetos voladores en la ciudad y sus alrededores.

Sin embargo, el entusiasmo por la observación del cielo en Warminster se desvaneció a finales de la década de 1970, cuando la atención de los medios de comunicación se trasladó a un nuevo punto de interés para los ovnis en la escarpada costa de Gales Occidental.

El revuelo del oeste de Gales comenzó a la hora del almuerzo del 4 de febrero de 1977, cuando 15 niños de la escuela primaria de Broad Haven anunciaron que habían visto aterrizar un OVNI con forma de cigarro plateado en los campos situados detrás del edificio. Algunos del grupo, de entre 9 y 11 años, afirmaron haber visto salir de la nave a un hombre plateado con orejas puntiagudas. En un principio, estas historias se atribuyeron a una combinación de imaginación hiperactiva y demasiada televisión, pero los niños estaban tan convencidos de haber visto algo inusual que sus profesores se vieron obligados a entregar una petición en la comisaría. Más tarde, el director de la escuela les pidió que dibujaran el OVNI y se sorprendió de la similitud de sus dibujos.

Conclusión

AGRADECEMOS tu interés por este tema que ha conmocionado a países enteros. Los OVNIS siempre serán tema de discusión y debate, pues siempre se mueven en el misterio.

Lo desconocido en las historias de OVNIS hace que estas sean sorprendentes y, por lo tanto, interesantes y atractivas.

Los ovnis constituyen un fenómeno cultural internacional muy extendido desde la década de 1950. Las encuestas de Gallup sitúan a los ovnis cerca de los primeros puestos de las listas de temas de amplio reconocimiento.

· · ·

En 1973, una encuesta reveló que el 95 por ciento del público declaró haber oído hablar de los ovnis, mientras que sólo el 92 por ciento había oído hablar del presidente estadounidense Gerald Ford en una encuesta realizada en 1977, tan sólo nueve meses después de que dejara la Casa Blanca. Una encuesta Gallup de 1996 informó de que el 71 por ciento de la población estadounidense creía que el gobierno de ese país estaba encubriendo información relativa a los ovnis. Una encuesta de Roper de 2002 para el Canal de Ciencia Ficción encontró resultados similares, pero con más gente creyendo que los OVNIs son naves extraterrestres. En esa última encuesta, el 56 por ciento pensaba que los ovnis eran naves reales y el 48 por ciento que los extraterrestres habían visitado la Tierra. De nuevo, cerca del 70 por ciento consideraba que el gobierno no estaba compartiendo todo lo que sabía sobre los ovnis o la vida extraterrestre.

Otro efecto de los avistamientos de OVNIs del tipo platillo volante ha sido la aparición de platillos volantes fabricados en la Tierra en la ficción espacial, por ejemplo el Crucero de los Planetas Unidos C57D en Planeta Prohibido (1956), el Júpiter 2 en Perdidos en el

Espacio, y la sección del platillo del USS Enterprise en Star Trek.

Los ovnis y los extraterrestres han aparecido en muchas películas.

El intenso secretismo que rodea a la base secreta de Nevada, conocida como Área 51, la ha convertido en objeto frecuente de teorías conspirativas y en un componente central del folclore ovni. En julio de 2019, más de 2 millones de personas respondieron a una propuesta de broma para asaltar el Área 51 que apareció en un post anónimo en redes sociales. Posteriormente se organizaron dos festivales de música en la zona rural de Nevada, "AlienStock" y "Storm Area 51 Basecamp", para aprovechar la popularidad del evento original de redes sociales.

Como ya hemos visto, los OVNIS han impactado de diversas formas a nuestra cultura. Este libro forma parte de este impacto, y esperamos que tu perspectiva sobre estos fenómenos, los OVNIS, haya sido nutrida de nueva información y perspectivas.

Bibliografía

- Dolan, Richard. (2002). *UFOs and the National Security State: Chronology of a Cover-Up: 1941-1973*. Estados Unidos: Hampton Roads Publishing Company
- Randle, Kevin. (2021). *UFOs and the Deep State: A History of the Military and Shadow Government's War Against the Truth; 50 Years of Disinformation, Saboteurs, Intimidation, and Cover-Ups.* Estados Unidos: Blackstone Publishing.
- Requejo, Marcelino. (2009). *OVNIS Alto Secreto: Encuentros cercanos con seres de otros mundos*. México: Publicado independientemente.
- Sanchez, Rafael. (2011). *OVNIS*. México: Palibrio

- Scott, John. (2020) *UFOs In Central and South American AirSpace.* Estados Unidos: Publicado independientemente.

www.ingramcontent.com/pod-product-compliance
Lightning Source LLC
Chambersburg PA
CBHW072019070526
44583CB00015B/1548